〔大化〕の改新から〔 〕の改新へ

藤原朝浩

文芸社

目次

プロローグ

一朝である。なのに、Das Licht、日の光、はない。東の空の目は閉じている。閉じた目からは、涙がはらはらと、青黒の山々に流れ滴る。涙の色はあかい。血の涙である。闇の空は、風雨が吹き荒れ、稲妻が走り、鈍い落雷の音も聞こえる。その雷鳴は、やがて、呻きの声へとかわり、天と地に響き轟く。

O ew'ge Nacht! 嗚呼、永遠の夜なのか！ 夜は明けるのか。

今、日本は、出口なき闇の中、喘いでいる。しかし、微かなる光が、闇の裂目から零れている。この僅かに開いた裂け目を引き裂き、さらに光を中に入れねばならない。今がそのときである。時期を逸すれば、日本は永遠の闇に包まれ沈没する。〔　〕の改新の時は熟している。政・官・財の鉄の三角形で築かれた土建国家という楼閣の下、跳梁跋扈する蘇我氏なる永田町族、この族を倒すときは今しかない。時代のターニングポイントである。

では、この改新劇をいかに演出すべきか。

劇作家、演出家は、X党である。確たる信念を持ち、国民の意見に耳を傾けるが、しかし決して大衆に迎合してはならない。観客を熱狂させる日本のプレスリーに惑わされてはならない。明日の政権を担う対抗政党であるという確たる自信と気概を忘れてはならない。

観客は、もちろん国民である。テレビに感化された大衆も、魂をも揺り動かす力強く美しい舞台を観れば、身震いする感動を覚え覚醒する。やがて、自らも、改新劇の役者となる。

二　問題は、この劇のシナリオである。三幕ある。

第一幕

第一幕、経済である。

1、構造改革と景気対策、この両者は、車の両輪であり、同時におこなわねばならない。前者の優先第一順位に位置すべきもの、それはいうまでもなく不良債権処理、無駄な公共事業の廃止（道路、ダム、空港等）、地方への財源移転となる。この改革は、鉄の三角形の内部、既得権を命がけで守ろうとする村の中からでは、実現不可能である。やろうとすれば自滅することに気付き怯む。また、X党は、組織そのものが崩壊するのを待ち、自民党内部の改革論者と手を握る、という選択枝をとるべきではない。これでは、観客は戸惑う。相手に隙をも与え足元を見られ、ひいては、かつての社会党のごとく、X党は瓦解する。同方向に向かうベクトルからは、平行四辺形の対角線たる合成されたベクトルは、できない。少なくとも、相手のベクトルと自らのベクトルとでなす角度は、鈍角でなければならず、しかも、自らのベクトルは相手のベクトルより大でなければならない。そのときはじめて、相手より自らの方向に近い、合成された第三のベクトル（平行四辺形の対角線）が描かれる。

2、この改革には〔痛み〕が伴う。問題はどのようにして癒すかである。弱者切り捨てであってはならない。明日の未来を担い、日本を再生させる原動力となりうる今の弱者に、より多くの復活のための機会を与えねばならない。
この痛みを癒す処方箋がある。それには、次のように記されている。

情と理に基づきおこなうべし。

情とは、国民の痛みを我身のごとく感じ、その思いを行動で実践すべきことをいう。歴史を繙けば、中大兄皇子は改革の際、率先して自らの土地・人民を献上し、他の豪族にもこれにならうよう催促した、という。庶民の多くは、今もなお、主君のために自らの命を厭わず敵を討つ「忠臣蔵」を好んで観るし、感銘をうける。
役者たる政治家よ。危機に瀕した国のために自己犠牲をはらってはくれまいか、と観客は客席で願っている。給与の大幅削減を広言してはどうだろう。X党が一丸となるほうが効果が大きい。これが情である。

次なる理による癒しとは、なにか。三つある。

第一、景気対策である。前倒しの公共事業を、構造改革と同時に実行すべきである。もちろん公共事業とは、道路、ダムの土木事業をいうのではない。将来、必ず必要となりうる公共事業を、今、不良債権処理と同時に迅速に実行する。その将来必要となる公共事業とは、高齢化社会に不可欠となる、個室の完備した介護施設の建設であり、また、殺伐とした社会のカンフル剤ともなり、想像を絶するほどに心に潤いを与えてくれる文化・芸術事業である。

ただし、これは、住民のニーズに適した内容でなければならない。とすれば、この事業の担い手は地方公共団体、そして民間であろう。後者（民間）においては、既得権を温存させぬよう、質の高い介護、芸術を互いに競いあう市場原理を導入すべきである。他方、前者（地方公共団体）は、公正なる競争がおこなわれているか、第三者の視線で監督せねばならない。民間の専門家（弁護士、医者、芸術家等）を加えた第三機関が望まれる。

芸術を究めても、それのみで食べていけぬ優れた芸術家が多数いる。多数の優秀な芸術家が海外で高く評価され、芸術後進国である日本を離れる。この現状は、まさに文化事業に対する投資が、これまで軽視され続けてきた証左といえよう。いまこそ、絶望に瀕した心に希望の光をともす文化・芸術事業に意を注ぐ時である。

そうなれば、優れた芸術家が多く日本に集う。芸術家は、人の感動を誘う美を求め競いあう。その美を求め、住民は格安だが品格ある劇場に足を運ぶ。心の潤いを求め消費が刺激される。そして、その消費により、さらにまた日本を求め芸術家が集まる。芸術家が集うことで、また投資も倍増する。それとともに、当然のように、ますます、老後のための貯蓄が「心の潤い」に消費される。いわば芸術家が日本へ流入すればするほど、それにあわせ累積的に限界貯蓄性向率が減少する。すなわち、限界貯蓄性向率の逆数＝乗数（multiplier）が倍増する。どの介護施設にも美しく質の高いピアノ、バイオリンの音がびき、魂と魂との対話が交わされる。それは、日本の唱歌か、モーツアルトか、美空ひばりか、だれもが死を忘れ、生に喜びを見いだす。そんな社会の到来は果たして夢物語にすぎないのか。いや、違う。われわれ観客は、その夢を語り実現してくれる政治家を待っている。ルーズベルトのような人を。

第二、失業対策である。discouraged workersも含めた修正失業率は、一二パーセントともいわれている。とりわけ、中高年層の失業は深刻である。年齢制限撤廃を法により強制するのみでは足りない。日本発展の基盤となりうる新産業、すなわち情報知識産業（福祉、観光、教育、環境、文化（芸術））に対応できるだけの技術を養成しなければならない。長期的な訓練が必要となる。

その失業期間、スウェーデンで実現された例に倣い、生活費等を支給していく。この技術を養成する教育機関は、少子化により経営が危ぶまれている大学、大学院である。いわゆるリカレント教育が推進される。国際競争に耐え得る技術を養成し、国際社会で通用する人材を育てるためにも、これまでの大学、大学院教育では不十分である。教授は、権威のみに安住してはならない。不透明な人事（採用基準が定かではない慣習、世襲、コネ等）ではなく、公正なる競争により、人材を選出すべきである。

もちろん、大学の自治の問題はある。しかし、外に構造改革を説きつつ、内では自らの保身をはかり聖域化するとなっては、改革は中途で挫新する。現在審議されている司法改革（ロースクール）が今一つ進展しないのも、委員たる大学関係者が自己の出身、所属大学の利益を優先するからである。だれのための改革か、この視点を忘れてはならない。これまで身を粉にして日本の経済を支え、今後のIT社会においても必ずや日本の復活に多大な貢献をしてくれるであろう、今は弱き中高年者のための改革でなければならない。

その改革のためには、インフレ化した大学を、実務型と研究型に分ける必要がある。前者には、実務に秀でた民間人を多く教育者として採用する。他方、後者には世界最高水準の人材を育てるためにも、外からの刺激が有効である。優れた日本国外の人材を多く教授として迎え国際的にも最高基準となる。オックスフォード、ケンブリッジに匹敵する高等教育機関を築き、海外の一流のビジネススクール（ハーバード等）をも誘致する。そこでは、国立大学の教授をも含め、皆、優れた論文、技術開発を競いあう。競争から質の高い教育、研究技術開発が生まれる。

ならば、優秀な留学生が米国ではなく日本を求めやってくる。国際間の交流が生じ、互いに刺激しあう中、新しいものが生まれる。中高年層の中から、あるいはノーベル賞を勝ち得る人が出てくるかもしれない。人の潜在的能力は測り知れない。それを引き出すのがeducation、すなわち教育であろう。現実に生涯教育を活性化させるべき時がやってきたのである。

これが奏功すれば、教育産業も潤い、経済成長に大きく貢献する。スウェーデンの成功の理由は、まさに、この点、人材の有効な活用という点にあった。

とはいえ、終身雇用の保障のもと会社に忠誠をつくしてきたにもかかわらず、突然レイオフされた人々の屈辱、挫折感、焦燥感は、ことばに余る。欧米のように、労働者の流動を前提にした社会とは異なる。失業の際の痛みは、欧米と比較にならないほど極めて大きいのではないかと思われる。なぜなら、大半の中高年層、会社人間にとって、これまでの生きがいの場所とは、今放り出された会社だったからである。

家庭をかえりみず会社に身を捧げることが美徳とされた。それが生きがいでもあった。

なんとか生活していけるだけの失業手当てをもらっても、第二の人生の場たる職業を求め教育訓練をうけている失業期間は長い。耐えねばと思っても年齢と相俟って気力をふり絞る力は弱っている。

萎れかけた花をもう一度開花させるには、花びらの先ではなく、根、心に、水をそそいでやらねばならない。その清水とは、やはり、琴線に触れる芸術であろう。失業手当として、格安のチケット（芝居、音楽、美術等）を給付してはどうか。高額で敷居の高かったゆえ関心さえもたなかった歌舞伎、オペラにふれることができる。

芸術を味わう観賞力がなかったのではなく、実はそれを知らなかっただけであった、と気づく人もいよう。再出発に成功した人の中から、芸術に寄付、投資する人も出てこよう。開かれた国家から、留学生、芸術家が日本文化を求めてやってくる。この交流から、文芸復興（Renaissance）が到来するといっても言い過ぎではないと信じる。

第三、財政再建である。市場経済の再建をはかりつつ、と同時に、どのようにして財政再建をはかるのか。返還不可能といわれる（国・地方の債務残高合計六百四十五兆円）財政赤字の債務残高をどのようにして返済するのか、という問題である（以下、神野東大教授、佐和京大教授の見解に基づく）。

まず、かつての自民党政権下では、いかなる税制度がとられたのか。米国型または欧州型とは異なる税制度なのか。

米国には、消費税はなく、他方、高額所得者に対する所得税の累進課税度は低いといわれる。低所得者には、負担がかからないが、その分、手当ては乏しく、自助の精神が重視される税制である。

これに対し、欧州（北）では、消費税の税率は高いが、他面、所得税の累進度は低いという。低所得者の負担度は大きいが、しかしそれを財源として弱者に手厚い施策がなされる税制である。

では、かつての日本はどうであったか。一九八九年、所得税減税と消費税導入とを抱き合わせて増減税同額が達成された。まさに、低所得者に負担を強い、その財源が高額所得者に配分され、しかも抜け道により、この層が不透明の中、暗黙の了解の下、優遇される税制といえる。

〔　〕の改新では、米国型でも北欧型でもない、第三の道を歩むべきである。透明な公正なる税制改革を断行し、敗者復活戦の保障された社会とする。そのためには、以下のような税制改革が必要となる。

課税ベースを拡大した所得税・法人税を主に、純資産税、消費型付加価値税を従とする抜本的税制改革を断行する。かかる税体系により、累積債務を凍結、棚上げ（有利な条件のとき返済）し、市場経済の再建（環境、医療、教育、文化事業の推進）をはかる。このような筋書きである。具体的に述べれば、以下、三つに集約される。

①ひとつが、地方税と国税の財源配分の見直しである。欧米と異なり、日本では地方政府は、中央政府の「仕送り」に依存している。「金、補助金を出してやっているのだから、当然、口も出す」事態に陥っている。これでは、地方は親離れできない。中央政府が使い道を決めた財源＝補助金ではなく、「自分専用の財布」を持たねばならない。

自らの地方社会から調達する地方税を拡充すべきである。その拡充されるべき地方税は、三種類ある。地方所得税の創設、事業税の外形標準化、地方消費税の拡充、の三つである。

第一の地方所得税とは、（三段階の累進税率で課税されている）国税とは異なる。一〇パーセントの比例税率で課税される地方所得税をいう。これは地域社会に参加し、地域公共サービスの利益を受けている住民が、自発的協力により、一定期間の労働によって得られる所得を納税することを意味する（かつては、地域住民は、労働奉仕で地域社会を支えた）。

しかし、この地方所得税のみでは、依然として、財源配分の比重が国税に偏る。さらに、地方所得税では、所得を受け取った地域でしか課税できない。その地域社会で公共サービスの恩恵を享受している他の地域社会の住民・事業者・観光客に、税を課せられない。

そこで、第二の事業税の外形標準化、第三の地方消費税の課税が必要になってくる。

前者は、所得の発生地で所得の生産局面で課税される。企業の生み出した利潤に課税されるのではなく、企業の生み出した付加価値に課税される。

後者は、所得の消費地で支出局面で、比例的に課税される。

以上の税制改革により、地方財政の基盤を確立していく。この地方税に加えて料金制も導入される。水道は、使用量に応じて料金が課せられ、他方、老人ホーム・保育園の料金は利用者の所得に応じた料金が設定される。

これらの税収をもとに、どのような水準で支出すべきか、これを決定するのは、ほかでもない税の負担者、地域住民である。地方債（原則認めない。学校校舎の建て替えなど、例外として許容）の起債も決定する。

このような住民の監視の下に、地方財政が管理、運営される。

②第二に、所得税、法人税という国税の課税ベースの拡大をはかる。

その一、政策的優遇措置（非課税措置、租税特別優遇措置）を整理する。

その二、フローの課税とストックの課税とを組み合わせて、経済力に応じた課税を実質的に実現し、税制の抜け穴（日本の現在の所得税では、資産所得が、総合課税の対象から除外され、なおかつ給与所得よりも軽課されている）を防ぐ。

・要素所得（賃金・利子・地代）、帰属所得（資産家による何百億円の絵画の所得など）移転所得、キャピタルゲインにも所得税を課す。

・純資産税「誂え税」を導入する。個別資産税ではなく、すべての資産を総合算し、累進課税で課税する。給与所得よりも差別的に重課する。

さらに、所得税では対応不可能な巨額の増税が必要となった場合、純資産税を一度限りの財産税として活用する（緊急の債務償還の増税手段として準備しておく）。

③第三に、社会保障負担（社会保険料）を分類所得税にする。給与所得と事業所得に比例税率で課税される。

この点、社会保険料を、消費型付加価値税（国税）、消費税にすべきとする声も強い。しかし、X党は、国税として、消費税を導入することには反対する。

では、なぜ、国税としての消費税の導入に反対なのか。ひとつには、消費税導入は弱者再生の途を閉ざすことになるからである。消費税増税で負担を強いられるこの弱者とは、失業者、年金生活者のみではない。ことに、子供を多く抱えた家庭に重い負担となる。教育費、住宅ローンに四苦八苦している、可能性を秘めた働き盛りの人びとの労働意欲を削いではならない。そして、その皺寄せを（教育費の不足等）子供に帰せてはならない。高齢社会の中、新進気鋭なる若き人びとの力がなければ、日本は活力なき弱々しい三流国家へと凋落する。

さらには、国税としての消費税を撤廃するなら、それは住環境整備への呼び水となる。高価なる住宅に対する一パーセントは高額である。加えて、今、地代が減少し成長率も低く、過去の高い地価の原因となった政策上の失敗を轍として、消費税減税、都市計画、農地利用計画を果断に実行すれば、欧米並み（所得の六・七倍）まで地価は下がる。もちろん、地価が下落すれば、不良債権が焦げ付き、銀行、企業にとって死活問題となる。しかし、この痛みは避けて通れない。だからこそ、痛みを癒す景気対策、雇用対策を同時におこなうのである。多くの人びとが一戸建ての自宅が持てるよう、国税としての消費税は撤廃すべきである。

かくのごとき三つの税制改革を実行しつつ、同時に、景気回復をはかる。その間、累積政府債務を棚上げする。すなわち政府は、政府債務（国際の償還）を凍結し、金融資産と負債政府債務とを、独立した資産負債会計として管理していく。期限はなく、有利な条件が到来したとき、政府債務が減少される（利子率低下―国債借り換え、株高―政府保有の金融資産を棄却）。ただし、国債の利払いのみは実施していく。

以上が、第一幕の筋書きである。

構造改革（不良債権処理、無駄な公共事業［道路・ダム］、特殊法人の廃止）
（地方への財源移転、税制改革）と、
景気回復（前倒しの公共事業［環境・教育・医療・文化事業の推進］）
（雇用対策・税制改革［政府債務たなあげ］）

との二兎を同時に逐う、というストーリーである。

第二幕

第二幕、外交、防衛である。

1、国際社会の中で、他国に信頼、尊敬される国でなければならない。と同時に、他国を尊敬しつつも、日本国民自らも愛し誇れる国家でなければならない。前者が〝柔〟である。後者が〝剛〟である。両者が必要である。問題は、重点の置き所をどちらに据えるかである。これは時代によって異なる。また、関係する国家にもよる。以下では、三つの場合に分け検討を加える。

2、A　アジア諸国（特に中国、韓国・北朝鮮）

戦争責任の問題をどうするか。これが出発地点であり、また、辿りつくことは極めて困難だが、躊躇せず絶えるまで向かっていかねばならない目標地点でもある。これまで出発しようという気運は芽生えかかっていたが、しかし、現在、出発地点を離れ逆方向に向かおうとしている。改新劇を演じる役者、X党はどちらに向かうのか。

出発地点へと戻り、八月十五日に出発の第一歩に踏み出すべきである。終戦記念日に、主人公、X党の党首が、謝罪するのである。このとき、観客の中から、国辱、弱腰、女々しい、相手に付け込まれる、賠償請求される等、怒声が飛び、劇場は混乱するであろう。あるいは、怒声に止まらず、憤激、逆上した観客が舞台に上がり、主役の身体・生命に危害を加えるかもしれない。しかし、この一歩が踏み出せねば、永遠にアジア諸国はもちろん、欧米そして世界からの信頼は得られない。謝罪なき外交は、疑心暗鬼のもと本心を語らず表面のみを取り繕う外交であり、些細なことで一触即発の状態となる。まさに、砂上の楼閣である。昨今の教科書問題にしても、中国、韓国等が日本の検定制度を十二分に理解していないという問題はなくはないが、しかし、信頼関係が築かれていないがゆえの必然的な結果といえよう。砂の上には、平和という砦は築けない。

ただし、外交に権謀術数はつきものであり、この点は忘れてはならない。第二次世界大戦前、英・仏の宥和政策が、ヒトラーという侵略者を増長させ、戦争への道を促進した。相手を宥める〝柔〟へ傾斜し過ぎた外交は、ときに相手に付込まれる隙を与え、自ら墓穴を掘ることとなる。だからこそ、この反省のもと、英国のブレア首相は、内国のイスラム教徒、アフガンの女性に対する人権（男性優位のタリバン政権による虐待）に配慮しつつ、二〇〇一年九月十一日のテロへの戦いを誓い、米国とともにタリバン政権に報復攻撃をしたのである。

もちろん、この報復攻撃で民間人に死傷者が生じたことから、アフガン国内がカオスと化し、国連の難民救済が難航（食糧援助物資が旱魃による飢餓に苦しむ難民のもとに届かない）する。加えて、インドネシア、マレーシア等のイスラム教徒が、富める国、米国、西側に憤慨し暴動を起こす。西側世界は今、イスラムのジハードに怯え、不安の日々を過ごしている。この負の事実は、否定し得ぬ。

しかしながら、短期的には、テロに対する報復攻撃は適切であった。テロに対し正義の剣をつきつけず堪え忍び沈黙すれば、逆にテロが正当化され、さらなるテロ攻撃の脅威に曝される。国連が無機能化している現状では、世界が一体となり報復攻撃に出ることは、やむを得ない選択である。

問題は、この報復が米国主導のもとで、米国の世界戦略とも絡み、過剰になった点にある。国家の威信、名誉を回復しようとするあまり、併せ、このテロを機に中国をも組み込んで世界戦略をはかろうと、剣を降り回しすぎた点に問題の核がある。

では、謝罪を始まりとする新たな日中外交が、宥和外交ではない〔柔〕に基づく外交となるには、どうすればよいのか。

やはり、〔理〕と〔情〕に基づく外交が必要である。ただし、舞台は国内ではなく国外であるゆえ、〔情〕とは当然、地球人としての〔情〕たらねばならない。加えて、その〔情〕は、国内の場合にも増し、〔理〕に誘導された〔情〕でなければならない。国益が激しく抵触する国際社会では、油断すれば、たちまち宥和外交と化し、強者の餌食となる。〔理〕による外交が極めて重視される。それには、まず、現状を客観的に分析せねばならない。

そこで、まず、現在の中国のパワーにつき分析してみる。

二〇〇〇年五月、中国の軍艦Haibing723が、日本の本州周辺の近海(日本海―太平洋―沖縄―中国)を巡航する。この探索により、日本周辺の深海地図が作成され、あるいはその地図化された航路に沿って中国の潜水艦が日本深海に隠れ潜んでいるのでは、と日本政府は苛立つ。

中国の核ミサイルが、東京を標的としているのでは、さらには、historical dagger pointed at the throat of Japan (日本の喉下を狙う歴史的な短剣)である、あの朝鮮半島が、既に中国が影響を及ぼし得る圏内に入っているのでは、という懸念が、日本の首脳部に拡がる。

加えて、東シナ海に位置する尖閣諸島(戦略上極めて重要な輸送航路であり、地下には豊富な石油資源が埋蔵されている)をめぐり、台湾・中国と軋轢が生じる(この島に、日本の保守系の議員が日本の国旗を掲揚しようとする)。

かくのごとく、中国が虎視眈々と、日本も含めたアジア圏を自己の支配下に治めようと戦略を立てつつあるということ。これは、たしかに誇張とはいえない。

現に、日本のみならず他国も、毎年軍事予算を一〇パーセント以上増大している中国への警戒を強めつつある。韓国大統領は、中国の軍事力の拡張をおさえるantidote（解毒剤、矯正対策）として、むしろ米国の軍事的プレゼンスを望むと、私的見解を述べる。

さらに、現在中国は、Spratly Islandsの領土をめぐり、東南アジア諸国とも衝突している。フィリピンのアヨラ政権の高官は、中国は航空機を輸送するために、南シナ海を自国の湖に転換できればとも望んでいる、と指摘する。

さらに、中国の野心は、南シナ海にとどまらず、インド洋まで拡がっていると、インド、シンガポールは警戒する。実際、海軍を近代化するため、ビルマに海軍施設を設置しようと（ビルマにレーダー設備を導入）している。

以上の戦略は、two-pincer（二股の釘抜き）といわれる。中国軍艦が、一方において、ビルマから（レーダーにより）操縦され、他方において、Spratlysを拠点に、太平洋とインドとの間の輸送がコントロールされるからである。まさに、シンガポール人が語るように、中国は、the great power of region（アジア圏の大国）であり、五十年後には、米国を凌ぐ超大国となると予測されている。

以上が、中国のパワーの現状である。この超大国となりうる中国、米国と同様に抜け目なくアジア・世界戦略をはかろうとする中国に対しては、たしかに〔情〕に流されることは危険である。

〔柔〕に傾斜し過ぎれば、時に、大国中国に隙を与え、巧みに北朝鮮とも結び、日本の安全が脅かされる可能性も否定し得ぬ。とすれば、戦争責任の問題でも、無闇に謝罪することは得策ではないともいえよう。謝罪の際、賠償問題が絡んでくるだろう。ならば、米国が中国に対してapologizeではないsorryという語で事故を謝罪したのと同様な方法で、事を運ぶべきなのか。

そうではなかろう。どういう謝罪が賠償問題を避けられる謝罪となるかとの策略でもって謝罪すれば、かえって、誠意なき狡猾なる者と軽蔑されることにもなりかねない。それゆえに、二〇〇一年のAPECでは、中国は米国に対して、テロに対して世界一体で戦うと誓いはするが、しかし、依然として、策略で謝罪を取り繕った米国に対する不信・疑念は消えず、米国に対して慎重な対応をと要望する。最終的には国連で紛争を解決することを強く望む。

思うに、戦争責任の問題では、〔理〕に誘導された〔情〕による外交をことさら強調することは、適切ではない。いわば、〔やわらかな理〕に誘導された〔情〕に基づく外交を展開すべきである。なぜなら、対等な関係にある場合の外交とは異なり、米国の場合以上に過ちは日本にある場合の外交だからである。少なくとも、中国・韓国等アジア諸国に対しては、戦前、〔侵略戦争〕を犯したという歴史的事実は否定できない。

地球人に要求される〔情〕に基づく謝罪が、まず優先しなければならない。戦争犠牲者に対する哀悼、慰謝の気持ちがどれほどあるのか、その気持ちが態度にどうあらわれるかによる。そして、心からの謝罪か否かを判断する人、それはほかならない中国、韓国その他のアジア諸国の国民の人たちである。ドイツの高官がポーランド（ユダヤ人）の戦争犠牲者の墓の前で、跪きうなだれ陳謝した姿は、決して演技ではない。自ずと心が魂がそうさせたのだ。そのような謝罪であるとポーランドの国民は受け取ったのであろう。ここに、砂ではない少なくとも堅い粘土の信頼関係が築かれる。

もちろん、それは出発にすぎない。しかし、世界からは、信頼できる国家と評価されたされたことは間違いなかろう。同じ敗戦国たる日本も、今、靖国参拝で寛容の精神が消滅し、侮蔑憤激の念さえもアジア諸国に蔓延しつつある今、歴史的な一歩に着手すべきである。

以上、これは、「やわらかな理」に誘導された〔情〕に重点を置く外交、すなわち「柔」に重点をおく外交である。しかし、宥和政策ではない。

B　アメリカ合衆国

日米安全保障条約の問題である。現在、外と内とに難問が生じている。外では、ミサイル防衛、京都議定書、そして、同時多発テロ活動に対する日本の対応（米軍支援）につき、日本のとるべき態度が問われている。

他方、内では、沖縄の住民が今もなお米軍基地、米兵に悩み苦しみ、さらには米軍基地周辺の住民のみならず日本人の多くがテロの報復、anthrax（炭疽病）等の生物爆弾の脅威に日々怯えている。

この内と外の問題は、ともに安保に関わる問題である。安保条約を今後も更新し、さらに発展させていくべきか。

これには、三つの選択肢がある。

第一の選択。今後いっそう安保条約を拡充し発展させていく。

ならず者の突発的な行為、核兵器を保有する北朝鮮、イスラム原理主義者によるテロ、その支援国（イラク等）の脅威を強調する。アジア太平洋地域に有事の事態が生じた場合、日本は後方支援する。将来、集団的自衛権をも認めていく。ＡＢＭ条約からの脱退後、さらに拍車がかけられた防衛ミサイルの共同開発（ＴＭＯ）、米軍基地の維持、拡張へと向かう。

今回の同時多発テロに対する米軍軍事行動への支援は、まさに日米同盟に基づく対米協力であった。ブッシュ大統領は、イスラム原理主義のテロ攻撃を戦争とみなし、crusade（十字軍）による報復とする。米国国民の七～八割は、たとえアフガニスタンの罪なき住民が死傷したとしても、revenge（報復）は当然とみる。Armitage（アーミテージ）氏は、visible forms of participation（目にみえる貢献）を求める。湾岸戦争と同じ轍を踏むことを恐れ、日本は、愛国心に燃えた米兵主体の武装巡礼団の一員として肩、胸に十字章を付け、インド洋という〔周辺地域〕で、米軍戦闘機への給油、整備という〔後方支援〕を実践する。

加えて、将来、米国を脅かすであろう中国に対するcounterweight（釣り合う勢力）とは日本である。それゆえ、米国に忠誠を誓うmantra（真言）を復唱するようにと、米国は日本を指導する。

X党は、この道を歩むべきではない。この外交は、米国を宥める〔柔〕でしかない。あのミュンヘン会談での英国チェンバリン首相の宥和政策と、同じ轍を踏むおそれがある。

もちろん、ブッシュ大統領はファシストではない。しかし、米国に匹敵し得る超大国がないという現状下、アグレッシブな米国の要望・要求に、日本は引き摺りこまれ、米国の忠実な犬と化す。今回の十字軍への参加がまさにそうである。もちろん、民主主義に対する挑戦であるテロに対して屈してはならない。国際社会の一員として、国際社会のリーダーとして、主体的に、テロ撲滅活動を展開せねばならない。しかし、crusadeの名の下での後方支援は三つの過ちを犯した。

一つが、イスラム過激派のみならず、イスラム原理主義・過激派の犠牲者であり、テロを憎み平和を愛する多数のMuslim（イスラム教徒）までも、敵にまわしてしまったという失態である。ビン・ラディンは、こう言ってきた。

「serpant（蛇）の頭は米国であり、serpantの胴体はcorrupt（腐敗した）アラブ政府である」

全世界をイスラムで統一しようする原理主義者にとっては、西側は唯一の大敵、社会的不平等・搾取を生み出す資本主義の源であり、併せてこの西側と協調しイスラエルを攻撃しないアラブ政府は、腐敗したものとみる。

われわれの敵は、過激派である。イスラム教徒一般ではない。憤慨、愛国心を鼓舞しようとcrusadeというレトリックを用いたブッシュ氏の戦略に、日本は異を唱えることなく、自らはまっていった。crusadeに基づくretaliation（仕返し）に対しては、必ずやjihad（聖戦）がある。日本を含めた十字軍 vs過激派にとどまらぬ全イスラム教徒、という最悪のシナリオも予想される。

第二の過ちとは、米国のindiscriminate retaliation（無差別な仕返し）に、日本は追随する結果となってしまったという点である。日本は、ブッシュ大統領を、ハリウッド映画の主人公、悪に立ち向かう勇敢な英雄、ガンマンに見立て、快刀乱麻のごとく過激派を屈服させる成功劇を描いたのか。日本は、英雄のお供をする忠実な番犬のごとく、巨大な戦艦でもって、アフガニスタン近郊で、米軍戦闘機への武器輸送等の米軍後方支援を実践しようともする。

しかし、敵は国家ではなく、テロである。第二次世界大戦のような戦争ではない。そこには破壊する戦車も沈める戦艦もない。むしろ、敵が有する最も機敏で油断ならない武器は、米国の中に潜むスパイである。探知困難なアラブとアフガニスタンとの混合スパイである。

電光石火の勝利はありえない。これは、国内に多くのイスラム教徒を抱えている欧州、三十年にわたってテロと戦い続けてきた欧州が、最もよく心得ている。米国人は、テロに対する戦いにおいては、novice（初心者）なのである。だからこそ、ブッシュ大統領のいらだちも厭わず、欧州諸国はcautious（慎重に）と釘をさす。仏のシラク大統領は、〔war〕という言葉の使用をためらい、同じ敗戦国である独のフッシャー外務大臣は、disproportionate response（不均衡な対応）を警告する。

さらに、敵が潜む土地は、アフガニスタンである。ここには、狂信的な抵抗を展開するゲリラがいる。近代的な戦闘法は無益である。それは、かつて十万人もの兵を送り込んだにもかかわらず勝てなかった旧ソ連が最もよく理解している。そして、アフガンからソ連軍が撤退して二年後、ソ連は崩壊した。米国もベトナムと同じ轍を踏むおそれがある。確かにタリバン政権は崩壊した。しかし、テロは消滅していない。アフガンには、いまだ平和は訪れていない。

にもかかわらず、日本は、faintheartedness（臆病）といわれることを恐れ、この初心者の言うがままに従う。日本の顔はどこにもない。

第三が、民主主義の戦いという美名の下、権力が法の支配の枠を踏みこえたという過ちである。憲法の枠を踏み越え、集団的自衛権が行使された。

安保条約で許されている相互防衛とは、個別的自衛権の行使、日本に対する武力攻撃に対する防衛行為、である。これは、自民党政府の解釈でもあった。自国の実体的権利が侵されていなくても一般的権利（平和と安全）に基づいて防衛行動をとる集団的自衛権は、憲法上認められないのである。にもかかわらず、米国がテロ攻撃を受けたとき、日本国の実体的権利が侵害されていなかったが、アフガニスタン近郊まで行き、米軍の後方支援を実行した。安保条約で定められていた事前協議もなく、目にみえる貢献をしようと焦るがあまり、いやそれを巧みに利用して、横須賀から日本の軍艦が出航する。安保条約そのものに内在する欠陥が露呈する。

このほか、安保に内在する欠陥はこれにとどまらない。たとえば、米軍基地（沖縄、厚木、呉等）のアメリカ戦艦が攻撃された場合、どのような行動をとるかの決定権は米国にある。米国の決定に従って、急迫不正の侵害がないところに、防衛に不要な過剰な自衛権が発動されるおそれがある。日本周辺地域である北朝鮮がテポドンを沖縄米軍基地に向け発射する脅威があると日本ではなく米国が判断したなら、在日米軍が極東の平和と安全のためという大義名分の美名の下、北朝鮮を攻撃する。それに日本は後方で支援し、やがては沖縄基地が戦場となる。日本が思いもよらぬ戦争に巻き込まれるおそれは冷戦時も今も変わりはない。

今回の拙速な米軍の後方支援の結果、日本がテロ活動の標的にされる危険が増した。一九八〇年に絶滅したとされる悪魔、smallpox（天然痘）が息を吹き返し猛威をふるい、日本が死臭の漂う列島とならないことを、今、心から祈る。

では、日本はどう対応すべきであったか。テロ攻撃があった際、「人」「地球人」として欧州に遅れることなくいち早くテロに対する非難、その撲滅を世界に宣言すべきであった。日本の対応はあまりに遅すぎた。攻撃後の危機感・切迫感も日本にはなかった。結局、鈍い日本の反応に苛立った米国からの圧力に屈するような形で、米国のご機嫌をそこねぬよう、ずるずると米国の要求に従い支援活動をおこなう。

米国の通信簿を絶えず気にする日本は、欧州諸国のように〔慎重〕な対応と、対等な友人として助言することはできそうもなかった。ブッシュ大統領は、心の底では、信頼できる友人である欧州諸国の助言に感謝し、他方、良き僕（しもべ）である主体性のない日本に対しては、軽蔑の念さえ抱いているのではないかと思う。

併せて、このほか、米国の忠犬となった、少なくともそのような印象を与えたという失政がある。京都議定書をめぐる問題である。米国に譲歩、追従する行動からは、誇らしき日本の姿は見えない。したがって、欧州をはじめとする世界に信頼され、尊重される国とはなり得ぬ。恥じるべき態度といえよう。人間の生命を軽視する行動に対しては、毅然たる態度で自己主張する。これに対しては、この不況の最中、経済軽視の空論だと批判する日本企業も多数あろう。

しかし、アジア諸国への国際貢献・投資といって、原地住民の生活を脅かし、二酸化炭素を播き散らす企業は、将来の人間も含めた地球人が決して許すはずはない。人間の生命を軽視する行動に対しては、毅然たる態度で自己主張する、それがあってはじめて、世界で名誉ある地位を占めることができる。

加えて、以上のような米国を〔宥める柔〕による外交では、永遠に、日本防衛の主たる負担を沖縄が背負いこむことになる。米軍基地を周辺に抱える住民は、ジハードの脅威に曝され不安で憂鬱な日々を送る。ひめゆりの塔からは、今もなお、涙の糸が流れ滴る。

以上、第一の選択、安保拡充という選択である。われわれは、この途をとらない。


第二の選択。安保条約を撤廃する。では、だれが国を守るのか。日本国自身ということになる。その際、どの程度の規模の国防を要するのか。二つの方向に分かれる。

一つが、あのガンジーのごとく非暴力・不服従の精神で、戦力か警察力か、近代戦争遂行能力を有する戦力までには到ってはいない「実力部隊」か、と議論が尽きない自衛隊を、人員・装備・予算を縮小し、名実ともども、国内の治安の維持と確保に撤する警察力へと改組、減少する。

今一つが、アメリカ軍が撤退し軍事力が弱体した分、それを補強すべく、現在の防衛力を維持するか、さらには増強する。

前者が、唯一の被爆国、平和国家日本がとるべき理想像ともいえよう。父が罪を犯した子を叱る際、鉄拳で子の頬を殴るより、むしろ無言の涙で子の過ちを悟らせる。ガンジーの非暴力・不服従の精神は、このような体験に基づいているという。

しかし、無防備の平和国家たる日本は、外国から違法な侵害を受けることはない、聖域となる、などといえようものか。いやしくも急迫不正の侵害が生じたなら、警察力でもって、自国を防衛力できるのか。これに対しては、アジア近隣諸国とも謝罪により友好関係が築かれるなら、北朝鮮、中国の脅威は消え失せ、安保を離れたことも相俟って、武力に頼らぬ均衡外交により日本は違法な侵害をうけるおそれは極めて低くなる、という批判もあろう。しかし、はたしてそうなのか。

さらにいえば、今回のようなテロ、人間ミサイルによる報復に対して、警察力で対応できるのか。世界がテロ撲滅に対して結束し、国連を中心舞台として活動する際、日本は世界で名誉ある地位を築くことができるのか。南北問題、パレスチナ問題を解決せずして、永遠にテロ行為は終焉しない。これにピリオドを打つには、国連の活動が不可欠である。国内の治安維持を主たる目的とする警察力、警察予備隊のみで、十二分に国際平和に貢献（PKO・国連軍）できるのか。

併せて、安保を撤廃し、さらに日本が軍備を縮小することは、Pax Americanaという野望を心密かに抱く米国にとって、戦略拠点（アジア基地のうち半数以上の米国兵、およそ四万七千人が、日本に在住する）を失い、大きな痛手となる。

まずは、米国は許さない。力で日本をねじ伏せるかもしれない。アジア太平洋地域には、将来自国の地位を脅かすであろうと米国が恐れる大国中国が存在しており、米国がならず者とみなす北朝鮮、イスラム過激派、イラク、そして、冷戦が終わったとはいえ、巨大な国土と、米国にひけをとらぬ核兵器を有するロシアが存在しているからである。だからこそ、強いアメリカを誇示し、さらにはＡＢＭ条約を離脱し迎撃ミサイルの共同開発を日本に求めている。

さらに、いかなる善良な人間とて、善の心と悪の心を有するジキルとハイド氏であるかのごとく、国家も自己の利害がからめば、謝罪があったからといって、自己の国益に反する他国を攻撃する可能性は否定しえぬ。特に、力、パワーの均衡が崩れたとき、弱小国は、強者の餌食となる。

もちろん、十八～十九世紀の英・仏等の欧州、旧ソ連、二十世紀のドイツ・日本、そして米国と、かつてアジア・アフリカ諸国を植民地とした傍若無人なる行為は、現在、国際社会が許さない。しかし、力の均衡が大きく崩れ、大国の傲慢、横暴を国際社会、国連が阻止できなくなれば、アメリカという盾を失い、しかも自らも軍事力を縮小した日本は、大国中国、ロシア、または北朝鮮にも食われる。それとともに大国と大国との争いへと発展する。一歩誤れば人類は全滅する、といっても誇張ではなかろう。

したがって、国連での平和維持活動（テロ撲滅運動、南北問題、民族紛争の解決、アラブとイスラエルとの和平）に十二分な貢献が期待できず、併せて、力の均衡を崩壊させる危険の可能性が極めて高い、安保撤廃・軍備縮小は、現在の世界では、あり得ぬ選択といえよう。

第三の選択。安保は破棄しない。しかし、段階的に在日米軍（約四万六千人、毎年二十二億ドルを日本側が負担）の完全撤退を進める。したがって、安保条約は修正されることになる。この米国との条約改正と同時に、アジア近隣諸国とも、できればロシア、欧州諸国とも、新たな条約の制定、旧条約の改正を目指す。もちろん、米国を孤立させるような条約ではない。悠か彼方にあるように思われる平和という星をめざす宇宙船地球号、これを発進させるための条約を制定するのである。

では、米軍を完全に日本から撤退させた後、日本国の防衛をどのようなものとするのか。現在の日本の防衛力、空軍・陸軍は、世界一流といわれる。日本の防衛費は、世界第三位である。次期五か年の調達計画では、戦闘機五十九機、潜水艦五艘、駆逐艦五艘、ヘリコプター五十一機、戦車九十一車などと、印象的な内容となっている。

付け加えるに、日本のH2Aロケットを海外へと発射できる、日本初の一連の偵察衛星が間もなく完成される（鎌倉市で、三菱電機会社が製造）。この偵察衛星は、これまで米国に依存していたが、この完成で日本は米国から独立した諜報能力を勝ち得た、と評される。

かくのごとき内容が、現在の日本の防衛力の実態である。

以上のような世界一流とされる現在の自衛力を、大国（米国・中国）と肩を並べるほどの軍隊となるよう、さらに増強する。これはあってはならない選択である。今後、米国がABM条約を離脱し米国のミサイル防衛を展開すれば、これに対抗すべく中国のみならず、隣国中国の戦略に脅威を抱く他のアジア諸国、さらにはロシア、欧州、中東諸国と、軍備を増強するおそれがある。冷戦の上をいく新たな軍拡競争に火がつく可能性は少なくない。われわれ日本は、この軍拡競争を事前に防ぐべく、各国のパワーの均衡が保たれるような防衛力を維持していかねばならない。中国と米国とのパワーが衝突し炸裂し合わないよう、日本のパワーのベクトルの方向、大きさを考慮する必要がある。

その際、二つのパターンが考えられる。悲観型と楽観型である。

第一の悲観型によれば、日本のとるべきパワーベクトルの方向、大きさはどうあるべきか。現在、中国パワーの方向と米国パワーの方向は、テロと世界が一体となって戦うと誓ったものの、一時的なものにすぎず、いまだ米中間の相互の不信・疑念は解けず、まったく逆方向にあるとみる。

日本から米軍が撤退する。すると、一時米国のパワーが減少する。これに付け込むかのように、この米軍撤退を機に、中国側に、これまで欧米側についていたロシア、中国のアジア戦略のhedge（障壁）と見なされていた北朝鮮が、中国パワーに加わり合一する。中央アジア、中東諸国も、十字軍＝西側＝米国による報復に対する怨念から、中国側につく。これに対抗すべく、中国の脅威に怯える東南アジア諸国、インドが、米国を加勢する。

その際、欧州諸国がどのような戦略とるかによるが、帰するところ、米国パワーのほうが劣るものと予測する。力の均衡が崩れる危険もある。そこで、この力の均衡の崩壊を阻止するために、日本の防衛力が必要となる。

日本のパワーベクトルの方向は、在日米軍が撤去しつつある初期段階においては、米国寄りとなる。しかし、完全に撤退した後は、中国、米国とのどちらにも肩入れしない。ただし、いずれかが均衡を崩すような同盟関係を他国とつくりあげた場合には、二つの力の均衡がはかれるよう、自国のパワーベクトルの方向を弱いほうへシフトする。

他方、パワーの大きさは、将来の目標としては警察力となろうが、しかし、現在の状況では警察力では足りない。米国がならず者の脅威を煽り、戦略的にミサイル防衛を強行し、他方、中国が虎視眈眈と防衛力を増強し米国を凌ぐ大国になろうとしている、このような現状では、警察力ではとうてい、米軍の抜けた穴は埋められず、極東の平和に危機が訪れる。少なくとも、現在は、現状の防衛力を維持せざるをえない。

さらに、力の均衡という天秤が一方の側に極度に傾き、世界平和に危機が到来した際には、日本は第三のパワーとして、欧州と一体となって、仲介外交に徹する必要がある。欧州と協調しつつ日本がとるべき防衛力は、どの程度必要か熟慮せねばならない。日本は唯一の被爆国平和国家であるから、軍備は欧州（ＮＡＴＯ）に任せる、ということでは国際平和は築けない。米国、中国のパワーか強大であり、ＮＡＴＯのみでは手に余る。力の均衡を維持し、その後大規模な軍縮へと着手するには、是非とも日本の防衛力が必要となってくる。

では、その大国のパワーの均衡をはかる仲介者として、日本は何をすべきなのか。

思うに、世界の平和という美名のもとに、大国に匹敵しうる防衛力を増強する。これは、決してあってはならない選択である。これでは、力を均衡させるどころか、新たな摩擦を呼び、平和の攪乱者となる。日本自身も当事者である均衡外交の場面では、〔剛〕に対しては〔剛〕であってはならない。大国のパワー均衡を保つために一定の防衛力は維持しつつ、しかし、この剣は、勢力均衡外交では、決して抜いてはならない。

しかしながら、この剣を抜かねばならない舞台もある。この舞台では、一方の側に肩入れをしない、自ずと抑制のきいた武力行使となる。その舞台とは、もちろん、国連である。この国連の舞台では、いわば日本は世界の警察官として、主体的に積極的に、国際貢献を展開せねばならない。他の小国が国連のＰＫＯに汗と血で国際貢献している中、金と口で国際平和に貢献していると自負し、自らは命乞いをし、拱手傍観する、ということであってはならない。このような国に対しては、どの国も敬意を払わない。

そのことは、今回のテロ事件でわれわれは十二分に学んだ。われわれは、宇宙船地球号の船長とならねばならない。正義と秩序とを基調とする国際平和の希求、これをわれわれは戦後憲法で誓った。血による貢献がなければ、決して正義と秩序は保たれない。血による貢献なくしては、世界では名誉ある地位は築けない。厳しいが、これが現実なのである。テロと戦うために沖縄からアフガンへと若き米兵が遺書を残して、家族の反対を押し切り飛び立った、という現実から目を背けてはならない。憲法の前文の精神を、国際平和を、と語るなら、世界の秩序を守るために責任ある行動をとらねばならない。一国平和主義を唱えることは、世界平和のために命を犠牲にした戦士の魂の憤慨を買う。武力なき国際平和というのなら、あのガンジーのように、弾丸が飛びかう最中、命をも厭わず平和行進をし、無言の鉄拳で立ち向かう勇気が必要である。平和とは、決して、机上で議論するような甘いものではない。

われわれは、自衛隊の海外派遣、ＰＫＦ、さらには時がくれば国連軍（かつて組織されたことはないが）にも参加すべきである。日本は世界の中の日本でなければならない。われわれは、日本人であり、また、世界の中の日本人、宇宙船地球号の乗組員でもある。国内の治安を守るのが国家の一員である警察官の責務であるなら、国際社会の平和治安を守るのも、宇宙船地球号の乗組員の責務である。

ことに日本人は、このスペースシップのチーフスタッフである。世界平和のために命を惜しまず忠誠を尽くす、スイス人の上をいく勇者たりえてはじめて、世界平和のリーダー、第三の力となる。

以上が、悲観型に基づく外交戦略である。


次に、楽観型によると、日本の防衛のベクトルの方向、大きさはどう描かれるのか。謝罪という柔なる外交が効を奏し、中国、韓国、北朝鮮との信頼関係がさらに深まる。中国は日本に市場を多く提供する。人と人との交流も進む。米国へではなく日本へと留学生が、日本の文化、芸術、先端技術を学ぼうと押し寄せる。芸術家の交流も盛んになり新たな文化が生まれる。信頼はますます深まり、宇宙共同開発へと進む。

これを契機として中国の仲介でロシアとも友好が深まる。日本のロシア（カスピ海）に対する投資、開発援助も莫大なものとなる。北方領土返還という気運も盛り上がる。

このような状況下では、日本の自衛力のベクトルの方向は、自ずと中国寄りにシフトする。ただし、このパワーの規模は、現在の自衛力（世界第三の軍事予算、およそ四十五億ドル。海軍の規模は英国を凌ぐ）で足りる。さらに縮小も考慮される。なぜなら、増強された防衛力は、修正された安保があるとはいえ、日本に戦略拠点を持たない米国を心理的にも孤立させ、ひいては世界の力の均衡が崩れ、中国側にパワーがシフトする恐れがあると予測されうるからである。

他方、逆に、日本の自衛力のパワーベクトルが、〔方向、中国寄り、しかし、自衛力、現状維持・縮小、さらに修正された安保あり〕とあるならば、日本が仲介役となって、中国と米国との信頼が、テロ事件という契機にも増して、さらにいっそう深まる、というシナリオもありうる。

すなわち、ミサイル防衛でギクシャクしていた米中関係は、あのテロに対する戦いから互いに信頼関係が芽生えたが、日本の仲介により、さらに信頼は確固たるものとなる。あるいは、経済で日本に先を越されまいと、中国市場に魅力を感じる米国は業を煮やし、あのベトナムからの米軍撤退後（中国封じ込め政策失敗）、ニクソンが訪中したのと同様、米中の友好・信頼もさらに発展する。

ただし、勢力均衡外交では自衛力が縮小されうる、むしろ、望ましいとしても、国連での国際貢献、民族紛争の解決における自衛力の規模という問題は残る。世界の中の日本であるためには、金と汗による貢献にとどまらず、血による貢献、国連軍に参加することが余儀なくされる。とすると、楽観型でも、一律にすべてにおいて軍備維持・縮小、とはいかなくなることもある。

以上が楽観型に基づく外交戦略である。

かくのごとく、二つのパターン（もちろん、ロシアが欧州に与みする第三のパターンもある。これは楽観型に近い）にしたがい、勢力外交・国連での国際貢献をはかりつつ、自らの国は自らの手で守る。これがX党のとるべき道である。これこそ、国家の誇りである。防衛の負担・犠牲を沖縄の人々にすべて押しつけてはならない。横須賀、厚木、三沢、舞鶴、呉等基地周辺の住民、その他の罪なき国民を、米国の無思慮な報復の犠牲者、テロの標的、細菌爆弾の犠牲者としてはならない。日本国自らが、主体的に日本の防衛はどうあるべきか、考えねばならない。日本国民自身が、自ら急迫不正の侵害に絶え得るだけの防衛力はどの程度必要か、熟慮せねばならない。

旧安保から五十年を経た今、日本は米国の庇護の下を離れ独り立ちすべきである。永遠に米国が日本を守ってくれる、というその安住こそ、日本の悲劇となる。われわれは、それに気づかねばならない。米国の世界戦略に填め込まれ、身動きが取れなくなってからではもう遅い。

今回のテロで、われわれは十二分に、その痛みを味わい、そして今もなお、その痛みは、消えない。基地周辺の人々、テーマパークの観客は、いつ襲ってくるかも知れない人間爆弾（smallpox）の脅威に曝されている。今回のテロへの報復以前は、少なくとも過激派を除くイスラム教徒との関係は良好であった。唯一の被爆国であり、それゆえ平和を希求する日本国民に、平和を愛するイスラム教徒は同胞意識を感じ、さらに敗戦から世界第二の資本主義国家となった日本の底力に、尊敬の念さえ抱き羨望した。

ところが、日本は、米国を宥めるように、十字軍の一員として報復行為に出、民間人を多数死傷させる。テロへの報復とは言いつつも、西側の一員として、全イスラム教徒に戦いを挑んだ、という印象を与えたという結果は否定できない。

日本とアラブ諸国との友好関係にはヒビが入った。このヒビは早く修復せねばならない。信頼を失いつつある今、米国の世界戦略に組み込まれた中で日本が中東地域と和平をはかっても、平和は構築できない。これは他国との外交、中国さらには欧州についてもいえよう。

そのためにも、日本は独り立ちしなければならない。米軍の完全撤退を段階的に進め、成人した国家となる時がやってきた。それがあってはじめて、米国とも対等な関係で、よき友人として、互いに批判し合える。そこに、新たな信頼関係が芽生える。

では、日本は独り立ちをした後、次になにをなすべきなのか。日本は、世界の中の日本となること、国連のリーダーとなること、これが目標である。

しかし、今回のテロに対する対応はまずかった。「世界の中の日本」の姿は、やはり見えなかった。これに対しては、国際社会からの孤立化を回避すべく、テロへの報復に十分な貢献をしたというだろうが、しかし、それは、日本自らの意志で主体的にテロに立ち向かったというものではなかった。

世界の人々は、米国による外圧により重い腰を上げたと見ている。そこには、独立した国家の誇らしき姿は見えない。このような態度に対し、いったいどこの国が尊敬しようものか。ここでもう一度、日本が唯一の被爆国であるという意味を問い直す必要がある。

原爆による被害者は決して日本人だけではない。強制連行された中国人、朝鮮人、連合国の捕虜、東南アジアの留学生、ロシア人等、併せて二十一カ国の人々が両都市で被爆した。原爆被害は国、民族を越え人類的規模に及んでいる。この事実を噛み締めねばならない。

日本は、核兵器廃絶を目標して、〔N0 MORE HIROSHIMA〕という名の宇宙船地球号、この船長たらねばならない。ときには、金にとどまらず、身体生命の損失という犠牲を払うこともある。だが、自ら志願し警察官となり殉職した人と同様、自ら世界の警察官として日本から派遣された国連軍の一員として、の死である。生命は尊いが、世界平和のために殉職することは避けようにも避けられない試練である。しかし、決断せねばならない。この決断なくしては、国際貢献は絵に描いた餅となる。

この決断の後には、次なる高い壁が立ちはだかっている。その壁は、終戦後、日米の合作で出来上がった。日本国民の平和への希求、幣原首相の平和主義思想、そしてこれを前提に、最終的にマッカーサーが決断し完成される。その壁とは、もちろん、憲法第九条である。この第九条二項の改正という難問である。改革劇を演じる役者の中には、中途で舞台を降りる者もいよう。この憲法第九条二項改正という改新劇は、第三幕で展開される。

C　欧州、ロシア、中東、アフリカ

日本とC諸国との外交を、三つのケースに類別してみる。

第一類型が、日本とC諸国との個別外交

第二類型が、パワーの均衡をはかるための勢力均衡外交

第三類型が、かつての欧州列強と植民地諸国（アフリカ）との友好をはかる仲裁外交である。

第一類型

《欧州》

日本と欧州間で最も力点をおくべきもの、それは人の交流である。西洋からみれば、アジアはオリエント、日が昇る東。そして日本は極東、東の果て。西洋人は、極めて遠い国と見てきた。しかし今なお、欧州の人々はトヨタは知っていても、日本人の顔を知らない。他方、日本人の多くは、今もアジアを蔑視し、西洋に、ブランドに、恋い憧れる。

これはなぜか。明治維新の近代化の模範が欧米列強であったことが主たる原因の一つであることは疑いない。しかし、それ以外、discriminationの意識も少なからず影響を及ぼしていると思われる。かつて日本軍がシンガポールを陥落したとき、同盟国たるドイツ総統Hitlerは、

「これは素晴らしい、しかし悲しむべきニュースだ」

「黄色い連中を追い払うために、喜んで二十個師団を英国に送ってやりたい」

と語ったという。これは、特異な例かもしれない。しかし、東京都知事のアジア人蔑視発言に賛同する多くの日本人と同様、今の西洋人のすべてとはいわないが、少なくない西洋人の心の根に、有色人種蔑視の感情が張りついている。この感情があらわになるときと

は、自らが危機に瀕したとき、利害関係が絡んだときである。
恐慌後、破産、大失業に苦しむドイツ中間層が、ヒトラーに惹かれ、ユダヤ人迫害に異を唱えなかったこと、関東大震災の際、朝鮮人が井戸に毒を入れたとのデマを真に受け、民間人までが何千人という朝鮮人を虐殺したことなど、例を引くまでもない。

この差別意識は永遠に消えることはなかろう。しかし、その分け隔てるという意識を少なくし、意識が行動へと発展するのを抑制することはできる。分け隔てる意識があるということは、差異があること、共有、共感すべきものがないがゆえの結果である。

両国で共有すべきものを探らねばならない。それには、人の交流が不可欠である。が、いかんせん、言葉の壁が立ちはだる。しかし、国境を越え共有できるもの、普遍的なるもの精神と精神との対話が交わされるもの、がある。

art、人間のなせる技、芸術である。日本庭園に魅了される英国人やドイツ人は多いという。フランス人は、猿之助の歌舞伎に酔い、宙吊に驚嘆し、絶賛する。ロダンは浮世絵のみならず、在仏する芸者に魅了され、多く自己の作品のモデルにする。

ただ、これはごく少数の芸術家の例にすぎない。西洋の市民の多くは、ヨーコ・オノ、クロサワという程度しか知らない。あるいは、黄色いちょんまげの腹切りの国、兎小屋に住むエコノミックアニマル、航空機内で配布されたお絞りで顔を拭く野蛮人、という像をも描く。東の端に住む異邦人にすぎない。歯摩い思いと苛立ちさえ覚える日本人は多かろう。埋もれて未だ多くの人に知られていない日本の美、その美からあふれる日本人の精神、思想を欧州のthe common peopleのspiritに届けなければならない。

以下の三つのステップに従い、X党は大規模な芸術交流事業に着手すべきである。

第一に、日本の美を、西洋へと紹介する機会、場を数多く設ける。西洋に在住する芸術家を中心として、西洋に日本文化、芸術センター設置し、普及のための戦略を研究する。

第二に、日本の美、精神に触れ、魅力を感じた欧州の人々が、より多く日本へ、旅行者として、留学生、教授、芸術家として、容易に訪問できるような政策を講じる。その際、既得権温存とならないよう規制を緩和し、市場原理を導入する。

芸術の交流に力を注ぐ民間企業には、税制優遇措置、補助金を支給する。留学生、芸術家のための奨学金の拡充もはかる。

第三に、西洋から訪れた人々が、日本人と日本の精神文化に、より多く接することができるよう、日本の環境を整備する。この仕事は、地方公共団体、NPOに委ねる。欧米人を受け入れるホストファミリーを多く募り、奨励金を支給する、留学生の住環境を整え日本人と接することができる場を数多く設ける等、自治体、NPOなら留学生のニーズに適した政策を数多く計画し、実現するであろう。X党政府は、芸術文化の振興に意欲的な団体には惜しまず資金を提供する。

では、以上の計画が功を奏したなら、日本はどのような社会になるであろうか。

東洋の精神に触れた西洋の芸術家、留学生が、新たな芸術を創造する。モーリス・ベジャールに勝るとも劣らぬ和と洋との融合芸術に、西洋人または東洋人が関心をしめす。日本に優れた芸術家が集まる。芸術とは無縁だったかつての日本人が、潜在的美意識が自らにも内在していると気づき渇望し美を求める。

その需要に応えるべく、計画が頓挫した駅前開発地、オリンピック用のホテル予定地、新幹線空港予定地、廃れたテーマパーク、またはゴルフ場の跡地に、建築家が自然と一体となり調和した美を競い、品格ある、ルーブルに匹敵しうる美術館、カーネギホールを思わせる（資産家の寄付による）音楽劇場を創造する。劇場の周りには芝居のあとの余韻を楽しむ、江戸、明治の頃を彷彿とさせるような茶店、芸術資料館等が立ち並ぶ。まさに、劇場の中と外にも和洋折衷、融合の美、思想、精神が漂う。

X党政府は、自ずと芸術教育に力を注ぐことになる。芸術大学に止まらず一流の総合大学に、理論のみならず米国のような実技重視の本格的な舞台芸術学部（演劇、歌舞伎、バレー、ダンス等）が設置される。若き才能ある者が鎬を削る音楽コンクール、投資家の資金により吉田都、熊川哲也を審査委員長とするローザンヌコンクールに匹敵するバレエ、ダンスコンクールも開かれる。

西洋人の関心とも相俟って、パリ・オペラ座のような、国家が資金を提供する奨学金の充実した芸術学校も設置される。伝統文化、西洋文化、和洋折衷文化と三つのコースがある。海外の著名な指導者、芸術家も常勤のスタッフに加わる。生徒はテストをパスした才能ある者のみである。寄宿舎生活である。

ただ、才能がないとみなされれば、去らねばならない。公正な競争に勝った者のみが、プロのパーフォーマーとなり、生活は保障される。もちろん、敗者には、復活の機会が多くもうけられている。俳優、ダンサーになれなくとも、一流の指導者にはなれる。舞台監督、劇作家になる者もいる。ここでは、それだけ幅広い英才教育がおこなわれている。禁忌を破って外国人の歌舞伎役者も誕生する。

これに刺激された若き日本人は、これまで以上に西洋の美を求め、西洋の芸術を学ぼうと留学する。また、互いを知った東西の芸術家が、東西合作の作品を創造しようとする。まさしく、Renaissance japonaiseといえよう。

以上のごとく、芸術家が日本を求めることで、限界貯蓄性向率に相当する海外への芸術家流出率が著しく小さくなる。したがって、大なるmultiplierにより、芸術への投資がさらなる投資を呼ぶことになる。

国民は、将来の老後への不安のための備えより、今の枯渇疲弊した心に潤滑油を求め、喜んで、貯蓄を芸術への消費にあてる。となると、marginal propensity to saveは小さくなり、本来の乗数も大きくなる。いわば、乗数そのものが倍増する。投資家にも魅力的な市場が形成される。町は、自然と一体となった芸術、文化施設、劇場、音楽ホールで溢れ活気づく。いつの間にか、ジャパニーズブロードウェイが出来上がる。

当然のように、GNPの成長率は増大する。のみならず心のGNPも成長する。とくに精神のGNPは、あの高度成長期の成長率をも悠かに凌いで、日本は仏と並ぶ芸術、文化先進国となる。

ユートピアかもしれない。しかし、今われわれは、心が枯渇している。パチンコ、テレビ等で、萎えた心を慰めるだけでは足りない。是非とも昇華の場が必要である。

絶望に瀕し、生から死へと精神がさ迷う。そんなとき、生まれて初めて劇場に足を運び、失業の給付手当のチケットで、モーツァルトのピアノ協奏曲第二十一番ハ長調を聞いた。とくに第二楽章は彼の琴線にふれる。死から生へと精神が逆流する。世に、このように美しきものがあったのかと、パチンコ、ごろ寝で時間を浪費していたかつての日々を悔やむ。と同時に、このときが彼の第二の人生の始まりでもある。

決して誇張ではない。クラッシックを麻薬常習者が蔓延する繁華街に流すと、驚くほどに、常習者による犯罪が減ったとも聞く。インドでは、国家自ら自殺者を少しでも減少させようと、町中にクラッシック音楽を大規模に流そうと計画しているという。

あのピカソのゲルニカと遭遇した人々は、ファシズムに憤慨するとともに、生命の尊厳を改めて認識する。シルビー・ゲイムの、繊細で調和のとれた美しくも力強き肉体の躍動から、魂の叫び、生への歓喜を味わい恍惚となった人も多い。

改革劇の役者よ、一刻も早く西洋との間に芸術の橋を架けよ、橋の完成には時間を要する。しかし、嵐が吹き荒れ、光なき闇の海と化してしまった後では遅い。橋梁架設は永遠に不可能となる。東の果てに宿り、ときに集団で押し寄せ、ブランド品を買い漁る黄色い野蛮人と思われてはならない。自然、美、そしてハーモーニーをこよなく愛する、西洋人と同じL'hommeであり、欧州と同様に長い歴史を有する、誠実な誇り高き日本人であると、気づいてもらわねばならない。と同時に、枯れ切り虚無感に苦悩する人々の心を、瑞々しいアートで潤わせ希望の光をともさねばならない。

ロシアとの外交

第一には、やはり、芸術の交流を推進する。欧州・日本・ロシアを頂点とした〔美、芸術の三角形〕を創造する。このtriangleから、いかなるDie Kunst, artがcreateされるのか。ここは、ロシアのレニングラードにある国立劇場である。舞台の東で坂東玉三郎が日本舞踊をしなやかに舞う。舞台西では、バルシニコフを回想させるようなドイツ人ダンサーが鋭利な爪先を舞台の板に突き刺し、駒のごとく華麗なpirouette,ピルエットを光とともに観客に浴びせる。

舞台の中央奥から、ブーニンの哀愁と甘美に充ちたピアノの響きが会場に漂う。観客の視覚と聴覚と、そしてスピリットは、未知なる遭遇に心地よい刺激を覚え、観る人すべての魂は創造されたアールトに包み込まれ一体となる。あたかも、かつて、革命、大粛清、戦争、飢餓のあと、墓地に葬られた屍のさ迷える魂が、過去の愚かなる人間の過ちを赦すかのごとく、レニングラードの舞台から、観客の魂を包み込んだDie Schönheit（美）とともに、昇天する。

日本の蘇我氏なる永田町族は、メルヘンと嘲笑するだろう。しかし、ペレストロイカ後の急激な変革により、ロシア国民は痛み、治安悪化に戦き物不足に明日の生活を憂いている。癒しが必要である。心の癒しである。痛んだ心を互いに癒しあう中で共感が生まれる。宇宙船地球号の船長とロシア出身の乗組員は、信頼を深め人間の尊厳を確かめ合う。

第二。技術をはじめとする直接投資をおこなう。今、ロシアでは、サムエルソンのECONOMICSを参考にケインズ理論に基づく資本主義が研究され、市場経済をいかに導入すべきか四苦八苦している。

ここに、戦後の復興、高度成長に貢献した日本の中高年層の技術・知識が必要となる。カスピ海には、廉価で質の高い石油資源が多く眠っているといわれる。この開発には技術が必要となる。のみならず、開発を進めるには、この地域つまり中央アジアの治安を安定させることが不可欠となる。アフガンはもちろん、ウズベキスタン等、複雑な民族同士の争いが絡む。国連を中心に、平和維持活動を進めねばならない。日本の活躍、国際貢献が、是非とも必要となる。

かくのごとく、汗と金に加え、血による貢献が功を奏すれば、現在石油資源の大半を中東に依存している状態から脱皮でき、日本の国益にも適う。石油資源を盾にＡＰＥＣに揺さぶられることなく、巨視的に中東外交を展開できる。これを機に、懐の深い思い切った中東外交が実現され、ロシアとの共同で、イスラムテロの諸悪の源泉たるパレスチナ問題が解決される発端ともなりうる。

魂と魂との交流から共感を分かち合った二国なら、一方は進んで技術を提供し、他方は感謝の念で技術援助を受け入れるであろう。くわえて、日本は今や、アジア諸国に謝罪し、在日米軍をも完全撤去させ、国際平和のために均衡外交に徹している。米国の戦略拠点は、沖縄にはない。かつての日本とは異なる。不信と疑心暗鬼に充ちた警戒心はない。むしろ、人間の尊厳をふみにじる大国の横暴にも毅然たる態度をとる勇者日本に尊敬の念さえ抱く。ロシア政府は、他国に優先して日本企業を誘致する。ロシアの経済復興に日本は大きく貢献する。

第三、北方領土問題である。法律上の解釈と、政治による交渉、この二つを識別せねばならない。

まず、法的には、講和条約の解釈いかんが決め手となる。対日平和条約第二条C項をどう解釈するかによる。この点、ロシアは、ヤルタ協定等の国際文書と旧ソ連の国内法上の編入措置により、北方領土全土はロシアのものとなった。平和条約は単にそれを確認したものにすぎぬ、とする。しかし、この理論は不当である。領土の処理は、最終的には、平和条約により、正式に決定されるからである。

では、平和条約第二条C項「日本国は、千島列島……に対する全ての権利、権限及び請求権を放棄する」を、いかように解釈するべきか。

この点、ここに記されている千島列島とは、「クリル群島」をいう。南千島（国後、択捉島）は含まれない。したがって、平和条約によっても、国後、択捉は放棄されぬとする見解がある。

しかし、千島列島とは、the kurile islandsであり、明らかに国後、択捉も含まれる。南千島のみを除くのは法律の解釈の枠を越える。したがって、国際法上、国後、択捉島を含めたすべての千島列島は、平和条約により放棄されたものと解される。

しかし、現在ロシアの統治下にある歯舞群島、色丹島は、千島列島ではない。連合国の公文書にも、「千島列島、ハボマイ群島、シコタン島」と区別して記載されている。しかも行政区画上、北海道（根室市）に属する。したがって、法律上、日本には歯舞、色丹島の返還を要求する完全な権利がある。

次に、政治上、いかに交渉を進めるか。

現在、歯舞、色丹をも含め、北方領土は全てロシアの統治下にある。X党は、芸術の交流、直接投資等により信頼関係を深めつつ、ロシアの譲歩を引き出さねばならない。

第一に、法律上も日本の領土であることの疑いのない歯舞、色丹は、怯まず返還を要求する。この権利を主張することはX党の義務でもある。

第二に、千島列島である。確かに法的には返還が難しい。しかし、政治的な交渉いかんで、千島列島の一部（国後、択捉）は日本に返還されうる。なぜなら、交渉に値するだけの歴史的な事情があるからである。すなわち、千島列島は南樺太とは異なり、背信的攻撃、日露戦争によって侵害し強奪したものではない。とすれば、カイロ宣言、ポツダム宣言、さらには秘密協定（対日参戦の代償）たるヤルタ会談では、暴力及び強欲によって掠奪した地域（南樺太等）をロシアに引き渡せば足りるのだから、強奪していない千島列島は、ロシアに引き渡す必要はない。むしろ千島列島は、強奪ではなく、日露通好条約、樺太千島交換条約により、我が国の領土となったのである。

問題は、この平和条約二条Ｃ項（この規定によれば、千島列島はすべて放棄されたことになる）をどの程度重視するかによる。歴史的経緯を考慮し、平和条約二条Ｃ項に重きを置かなければ、強奪した過去のない千島列島の少なくとも一部（国後、択捉）は日本に返還される。日本は、千島列島を全部ではなく一部の返還を求め、粘り強く交渉していく。

この交渉の際、ネックとなるのが、やはり在日米軍完全撤退である。そもそも、平和条約は、日本を朝鮮戦争のための戦略拠点とすべく、旧日米安保条約締結（軍事基地提供）を本来の目的とした旧ソ連抜きの条約である。ならば、安保条約改正に踏み切った今、平和条約二条Ｃ項から離れ、これに替わる、千島列島の一部が日本に返還されると明記された新たな日ロ平和条約を締結すべきである。芸術の交流、投資、技術援助で信頼関係が形成されているなら、国後、択捉が日本に返還される可能性は高い。X党の手腕が試されている。

アフリカ、中東との外交

南北問題、この難問と日本はいかに向かいあっていくか。これが、この二地域との外交である。この外交が奏功すれば、イスラム過激派によるテロ撲滅運動が大きく前進する。南北公平な国際社会を築くためにも、日本は世界のリーダーとして、途上国の国造りを支援しなければならない。

ただし、前者（アフリカ）は非産油発展途上国であり、後者（中東）は資本余剰石油輸出国である。相互間に格差が拡大し、南南問題を創出している。南南問題をも視野に入れ、日本は、国連を主たる活動の場として、戦略的に南北問題に取り組む必要がある。

では、X党はどのような協力、支援をすべきか。以下、アフリカと中東との外交につきそれぞれ検討を加える。

《アフリカ》

三方面にわたる。

第一が、薬餌である。伝染病と飢餓で死の淵に沈み落ちつつある幼き者の体に、命の薬液と養分とを注ぎ込まねばならない。それは、医薬品、物資に止まらない。人の援助が不可欠となる。もちろん、これまでも、ユニセフを通じた寄付、フォースターの募集、ODAへの融資、海外青年協力隊の派遣等により、数多くのアフリカの人々を救ってきた。しかし、数字に示される金による貢献はあっても、日本人の汗と血の匂いは、未だ世界には漂っていないように思われる。人の貢献は当然あったはずだが、世界からは十分に評価されてはいない。戦略を練り直さねばならない。

思うに、無償の愛で他人に奉仕した人たちに、国家は、さり気ない褒美を与えるべきではないか。協力隊で数年、命の危険にさらされつつ国際貢献したが、帰国しても働き口が閉ざされている例が少なくない。これでは、貢献したい人の高い志を挫くことになる。国際貢献につくした人たちを中心スタッフとするセンターを、世界各国に設置してはどうか。日本政府の出資と民間の寄付でセンターを運営する。国連との連携をもはかる。実体験を綴った手記を世界に多く出版する。現地のアフリカの現状はどうか、公報活動を幅広くおこなう。アフリカに住む現地の人々の真の声を伝えるための、歴史資料館、博物館、美術館、舞台劇場、音楽ホール等の設置をも目指す。このようにして、協力隊員の貢献に褒賞と名誉で、国家は報いる。他方、寄付で貢献した国民には、隊員が主体となって作り上げた資料館等の格安のチケットを配布する。

ただ、人と資金援助のみでは、途上国は自立できない。途上国の経済発展を促進するよう先進国と途上国間の貿易を拡大しなければならない。こうした南北問題に関する議論の場が、いうまでもなくUNCTADである。実質的平等を基本理念とする。非相互主義、一般特恵制度により、途上国に有利な待遇を与えて途上国の発展を促進させる。これを理念とする。

ところが、NIEO構想の衰退、南南格差の拡大等、貿易格差解消を実行することは極めて困難となっている。これが現実である。世界市場自由化の達成を目的とするブレトン・ウッズ・WTO体制の下で、途上国の発展を促進していかざるをえない。自由競争では、力弱き国は破れる。X党は、アフリカへの紐付きではない直接投資を推進するとともに、国際社会にも協力を求めていくべきである。

第二、血の争いの仲裁である。十九世紀末、欧州帝国主義列強諸国は、世界の一体化をほぼ完成させる。世界の分割、抑圧と従属のシステム、南北問題という錯綜したプロセスである。

この植民地分割の際、列強により不自然な国境線が引かれた。やがて、アフリカ諸国は狐立するが、だがこの国境線をそのまま引き継いだ。国境紛争が生じる。「アフリカの角」紛争、エチオピア・ソマリア紛争が勃発する。このソマリアは、今、無法地帯となり、テロ組織がはびこり、第二のアフガンとなりつつある。

他方、アンゴラ内戦では、東西諸国の軍事援助（旧ソ連、米、中国）が内戦を激化させた。南アフリカ、ローデシアでほ、アパルトヘイト（分離）、少数白人支配の独裁体制と、公共施設に至るまで、世界に類のない人種差別がおこなわれていた。その他、今もなお、アフリカの各地で列強が諸悪の根源といえる民族紛争が続いている。

日本は人間の尊厳を嘲る百鬼夜行なる民族紛争を、手を拱いて傍観してはならない。この時こそ国際社会の平和のために、国連の一員として、宇宙船の船長として、汗と血で紛争を仲裁せねばならない。かつて火種をまき散らした欧州の人々より、アフリカには残虐な行為をした過去をもたない日本人を、平和を祈るアフリカの人々、旱魃に苦しみ、治安悪化（テロ組織が資金獲得のため麻薬・武器を売買）に怯えるソマリアの住民は待っている。

これまでも、明石、緒方氏を筆頭に、国際社会での信頼を深める誇らしい貢献を成し遂げてきた日本人は少なくない。しかし、国家から派遣された日本人が、peace-keeping、 peace-enforcementに参加し、銃弾の飛びかう最中、銃を片手に紛争解決にあたったという例はない。謝罪を果たした今、長蛇を逸せず決断し、金剛不壊といわれる壁（憲法改正）を突破せねばならない。血で血を洗うような怨念に充ちた民族間の殺戮を、だれかが沈めなければならない。それは決して火中の栗を拾う、というのではない。虎児を得るため、人間の尊厳を回復するために、虎穴（peace-keeping, peace-enforcement）に入るのである。

第三、心と心、人と人との交流である。多くは、ＮＧＯに活躍してもらおう。

アパルトヘイトに苦悩、憤怒する黒人の人々が、世界に、この情念、魂を伝授しようと社会演劇を演じ注目を浴びた。やはり芸術は普遍である。

しかし、われわれ多くの日本人はアフリカを知らない。もちろん、向こうもそうであろう。金と汗と血という三点を頂点とする三角形の重心は、心である。心の交流が必要となる。互いが同じL'hommeであると共感できるような、芸術、文化の交流が不可欠となる。

もっとも、アフリカの人々を奴隷とし、貿易をしたという歴史をもたぬ日本人は、アフリカ人との間に、韓国（北朝鮮）との関係にみられた、あの偏見と憎悪と憤激に充ちた関係を持たないが、しかし他面、芸術を創造する機会、手段を多くは持たなかった。

ならば、今欧州から芸術を多く学び、また、東洋文化にも惹かれつつ日本人の多くが、アフリカの人々と共同で芸術を創造する。欧州文化と東洋文化とアフリカ文化とが融合し、かつて歴史上存在したことがない未知なるle art（ル・アール）,le beau（ルボ）＝美が織り成されるかもしれない。

芸術以外も、留学生、研究者、スポーツ選手等の大規模な交流もおこなう。天性の跳躍力を有するケニア人が、日本に魅了され帰化し、のち日本選手として、オリンピックのカール・ルイスと同様に陸上三冠王となる、といった日も到来するかもしれない。

《中東》

主たるテーマは三つである。イスラムとはなにか、パレスチナ問題、石油問題である。

その一。イスラムとはなにか。

このテーマにつき、日本人は理解する努力を払わねばならない。テロに対する報復が、いつの間にかイスラム教徒に対する報復にすり替えられ、罪なき平和を愛するイスラム教徒が、米国をはじめとする世界各国で虐待・迫害を受け、そしてさらに今後受けるおそれのある今こそ、イスラムに対する理解の努力が必要である。

X党政府は、学校教育（歴史、宗教教育）の教育課程に組み込む等、イスラムを理解する環境を整備せねばならない。テロ事件以降、イスラムは遠い異国の地域から身近な地域となった。むしろ、イスラムへの理解がなければ、永遠に国際平和を築くことはできない。これが、中東との外交の第一歩であり、また、世界の中の日本となるためには通らねばならない関門でもある。

では、そのイスラムとはなにか。それは、マホメットの唱えた一神教である。しかし、それのみならず、宗教、政治、文化、生活という四面が不可分に密接に結び付いた複合的な体系である。以下、この四面につき、考察する。

第一の面、宗教としてのイスラムとは、神は唯一にしてマホメットは神の使徒なり、ということを意味する。唯一神アーラーは、使徒マホメットに啓示をくだされた。そのアーラーの啓示を記録したものがコーランである。マホメットの宗教的体験の記録である。と同時に、イスラムの教義と律法の書でもある。

この神の啓示書を破り捨てた者が日本にいた。在日のイスラム教徒は、当然、猛烈に憤慨し政府に直訴する。が、日本人の関心は低い。むしろ、自己主張する異国の外国人に嫌悪感さえ抱く日本人もいる。昨今の宗教団体の犯罪とも相俟って、曖昧と和を尊び、神仏習合も厭わず、己れは中道だと自負する、無宗教こそ美徳とする多くの日本人の、典型である。

この日本人の気持ちに応えるかのごとく、日本のプレスリーは、終戦記念日に特攻隊の軍歌に涙を流しつつ、東条英機の霊が宿る靖国へと歩を進める。われわれは、憲法二十条、政教分離原則とはなにか、その重みを噛み締めなければならない。

学校教育では、教育勅語の一律導入強制ではなく、仏教、神道、儒教のみならず、イスラム教、そしてユダヤ教、キリスト教等世界の宗教につき幅広く学習しなければならない。その際、皮相的な理解ではなく、問題の本質的理解が必要となる。あの二〇〇一年九月十一日に始まる、MUSLIM vs CRUSADEという所謂〝文明の衝突〟、この根源を探求せねばならない。

前者は、言論の自由の抑圧から、貧困の原因をイスラム政権に帰することができず、その結果、必然的に、貧困の不満のはけ口、慰めのすべてを背負い込む宗教となるということ。他方、後者は、リベラル・デモクラシーと両立する、またはそれを支える宗教、すなわち政教分離が徹底された宗教であること。それゆえに、米国民の多数を占めるピューリタンは、心情では、ブッシュ氏のcrusadeの掛け声に賛同しつつ、しかし、信仰の自由、言論の自由に支えられた宗教たらねばならないと、建国の精神（カソリックにプロテスタントする新教徒が、新天地、自由を渇望し、メイフラワー号で上陸する）と相俟って、宗教戦争ではなく自由、民主主義に対する挑戦として、星条旗の掲揚に愛国心が鼓舞される中、報復攻撃に拍手喝采を送ったということ。かくのごとき宗教の差異を理解する努力が必要である。

第二の面、政治としてのイスラムとは、マホメットの国づくりにはじまる。イスラム民族の統合と、イスラム教徒の教団国家（神を究極の主権者として預言者マホメットをその代理人と認める国家）を地上に建設すること、これらを原理する。

所謂cosmopolitan Islam、つまり全世界をイスラムで統一すること、イスラム原理主義である。この実現を使命とし、南の貧困の根源たる資本主義諸国の象徴＝世界貿易センターに自爆テロを仕掛けた人物が、ほかならないOsama Bin Ladinであるといわれる。われわれは、なぜ、この大富豪の息子が、このような過激活動をおこなうようになったのか、テロリズムのルーツを理解する必要がある。

この人物は、一九八〇年代、ＣＩＡ（米国中央情報局）の支援の下、旧ソ連のアフガン侵攻に反対して戦う。旧ソ連軍がアフガニスタンを撤退した後、イスラム原理主義同盟は、南北問題、パレスチナ問題に対する米国の態度に絶望と裏切りを感じる。

つまり、旧ソ連撤退後、旱魃ゆえの貧困に喘ぐ難民に、米国、国連は何ら救済の手を差し伸べず、さらに、この撤退後、イスラムの聖地、メッカがあるサウジアラビアに、米国が戦略基地を設置したこと。

イスラエル人が、パレスチナ人に抑圧、占領を継続しているにもかかわらず、米国はイスラエルの主権免除までも保証しようとし、自国を支えるユダヤ人のみの利益を重視し、イスラエル兵に殺戮されるパレスチナ住民を見殺しにしたこと。これが「裏切り」である。

これと時を同じくして、旧ソ連軍撤退後、ラディン氏も、あのLUCIFER（魔王）のごとく〔かつては神のarchangel（天使）であったが、結局、天国から追放され、悪魔と非難される〕米国に対する悪魔と化す。同様に、Afgan Arabsもデビルとなる。両者はともに自らの憎しみを、富者、西側、その代表である米国に向け、貧者イスラムのため、聖戦を展開する。

ラディンとアフガン・アラブ（のちlocal fanatics、地方狂信者とされる）は、イスラム原理主義者（全アラブの社会、経済をマヒさせる）を通じて、エジプト等の地で、何千人という市民を殺戮してきた。

この間、アラブ政府は、西側からのテロ組織者の引き渡しに応じることはなかった。アフガン・アラブとアラブ政府軍は、ときに対立し、ときに協調してきたが、しかし、この二者の関係により、最も虐げられた人々とは、自由と民主を尊ぶ穏健なイスラム教徒である。このような軌跡につき、われわれはどう考え、解釈すべきであろうか。

第一に、イスラムとテロリズムとを結びつけてはならない。テロリズムの最大の被害者は、多数の穏健なイスラム教徒なのである。決してcrusadeによる報復であってはならない。

第二に、一般のアラブ人は数十年にわたり、テロリズムに悩まされ、政権そのものまで危機に曝された、という事実を認識する必要がある。ゆえに、人間の尊厳を踏み躙るテロに対して、アラブ諸国も西側と一体となり戦うことを誓ったのである。

（ただし、リベラルデモクラシーが定着している国による「反テロ」とは異なる。少数民族に対する抑圧・支配を正当化する便法としての「反テロ」という側面があること、これは否定し得ない）

もちろん、報復攻撃は抑制されたものでなければならない。が、今回の報復で民間人の死傷者を多く出した。その結果、国内の穏健なイスラム教徒も憤慨する。自己の貧困の原因までもすべて米国に帰する。米軍の過剰な報復が、イスラム対反イスラムという図式を生み、民間人による食料の救援活動までも閉ざされ、あげくのはて厳冬の中、寒さと飢えで多くの難民が死に絶えた、という事実は忘れてはならない。

第三にパレスチナの和平なくして世界平和はありえない。すなわち、パレスチナ問題の公平な解決がなければ、たとえラディンを葬り去っても、テロは永遠に続く。強硬なイスラエルの姿勢（観光大臣が暗殺された後、イスラエル軍は、キリストの聖地ベツレヘムへも進攻する。さらには指導力の低下したアラファト議長をテロ活動「不作為犯」と烙印し、無防備のパレスチナ民間人の多くを殺戮する）は、逆に、イスラムテロ活動を正当化させることにもなる。併せ、イスラエル占領は、穏健なイスラム教徒、社会への挑戦でもある。ますます、イスラム対反イスラムの図式が固定化され、出口の見えない世界報復戦争が繰り広げられる。以上三点につき、われわれは第二の側面、政治としてのイスラムを理解する努力をせねばならない。

次に第三の側面、文化としてのイスラムとは、横糸と縦糸で織りなされた融合文化をいう。横糸とは、イスラム帝国の住民が、祖先から受け継いできた文化遺産をいう。ユダヤ教、キリスト教もこのイスラム文化の発展に貢献する。他方、縦糸とは、征服者アラブがアラビア半島からもたらしたところのものをいう。イスラム化したイラン人、トルコ人の伝統文化も巧妙に織りこまれている。

以上のように、イスラム文化は、寛容かつ大胆に他の文化を自らのものとしてきた。文化的活動は、一方においては神への奉仕であり、文化的価値の創造と伝達も、神の言葉であるアラビア語（唯一の共通語）による。しかし、他面においては、この、アラビア語は、異民族の言葉、ギリシャ語、シリア語等の影響も多く受けている。

かくのごとく、イスラム文化・文明には、多様性・融合性という側面と統一的側面がある。この前者の側面に、実は、中東和平の鍵が隠されているように思われる。六一〇年ごろ、アッラーの啓示を受けたマホメットも、ユダヤ教、キリスト教の影響を受けている。PLOは、次のことを共通目的としている。

「キリスト教徒もイスラム教徒もユダヤ教徒も平和のうちに祈り、働き、生活し、平等の権利を享受する進歩的、民主主義的パレスチナを創造する」

イスラム文化＝融合文化は、イスラムと異なる他の宗教、思想を排外する文化ではない。普遍的国際的文化である。外来の要素を偏見なく取り入れる文化である。

東アジアに住むわれわれ日本人は、この西アジアの融合文化（ペルシャ絨毯、陶器等）と多く接する必要がある。その遭遇から、日本人は共感できる美、思想を発見する。他方、日本文化、芸術に接したアラブの人々もまた、島国的な孤立性をもつ反面、摂取性に富み穏やかで小規模、繊細なる日本文化、日本人のなせる技に感嘆する。日本人の心とアラブ人の心とが一体となり、ここに新たな融合文化が生まれる。

こうして互いの文化、芸術を摂取する中、同時に、イスラム文化とユダヤ文化の接点、共有点を求める。これが中東和平の足がかりをとなる。

第四の面、生活の体系としてのイスラム教とは、なにか。神の律法、シャーリアを世界のどこにいようとも遵守し、さらに、それを世代から世代へと受け継いでいく、ということである。シャーリアは、神が人間に授けた行動の規範である。この規範を遵守してはじめて、来世の救済が保障される。現世で何を避け、いかに振る舞うべきか、すべてこのシャーリアに記されている。

日本人は、この生活の体系としてのイスラムを、たとえ理解できなくても、理解するよう努力しなければならない。その理解のためには、平常時、冷静に対応できるとき、差別意識が顕在化する前に、常時、幅広く、学校教育・生涯教育でイスラムを学ぶ必要がある。

世界各地にいる六億のイスラム教徒が、毎日、日に五回、定刻に、キプラ（メッカの方向）に向かい、同一の文言を唱え、礼拝する。われわれは、このイスラム信仰の一様性に目をみはる。イスラムを理解しようという意志があれば、知性、理性が感情を押さえ、この生きた信仰、敬虔で熱心な信者を、異質なものと排斥することは抑制される。

とはいえ、今回の無実の市民を無差別に殺戮するテロ行為があれば、知性で感情を押さえることは難しくなる。坊主が憎ければ袈裟まで憎くなる。

併せ、Crusadeの掛け声と相俟って、国旗、国歌が国中に蔓延し愛国心が高揚すれば、テロリズム・イコール・イスラムとなる。自由民主主義の敵はラディン、ラディンの目的はイスラム統一国家の建設、そのイスラム国家建設を願うものとはアッラーの神を四六時中絶えず崇め誉め讃える者、この者らは米国民がこれほどまでに傷ついているのに、白い衣を纏い、定刻に同じ方向に向かい礼拝を繰り返す、褐色の肌を覆うあの白い衣が目障りだ。白い衣を剥ぎとれ、その剥ぎとってあらわになった褐色の肌を切り裂け、われわれ同胞は赤い血を流し、または血の流出もなく黒焦げにされ死に絶えた、奴らにも同じ苦しみを与えねばならない、それが同胞への弔いである。目には目を、血で血を洗え、奴らの黒い血をわれわれ同胞の赤い血で洗わねばならない。

このような思いを抱く米国人も少なくない。そして、この高ぶった思いが押さえ切れず、行動へと走る。純白の布に包まれた褐色の美しく嫋やかな肉体は、無残にも憎しみという悪魔に取りつかれた米国人の餌食となる。

万が一にも、日本がテロリズムによる再度の報復を受けた場合、米国と同様な事態が予想される。日本人の社会は、本質的に個人の自由より集団の和を尊ぶ国家である。日本という村のみの和を尊ぶことを好む。村の外の人々との和を築こうという意識は低い。まして、この日本の和を掻き乱す者は許しがたい。通常、いい人といわれる日本人も、集団になれば、信じられないような残虐な行為にでる。

われわれX党は、このような非常時に直面したなら、少なくとも、滾り立つ国民と同じように感情的になる、という愚行をおかしてはならない。テロへの怒り、これは当然である。しかし、国民を導くX党は、目の前の惨事ではなく、perspective（巨視的に将来の見通しを立てる）に対応しなければならない。

無闇に国民の憎悪の感情を煽ることは、九月十一日直後の米国政府の対応と両じ轍を踏むことになる。憎しみに対しては憎しみ、報復に対しては報復では、永遠に平和は訪れない。テロリズムの源、パレスチナ、南北問題の解決、ここにメスを入れなければならない。テロに対する対応を熟知している欧州と協同しつつ、と同時に、憤慨する国民の感情を慰謝しつつ、国連を舞台に中東和平の仲介外交を迅速に進めなければならない。もちろん、快刀乱麻を断つというわけにはいかない。しかし、本質的にテロ活動を根絶するには、これしかないのである。

その二、パレスチナ問題。言うまでもなく、中東和平、テロ撲滅運動の奏功を握る鍵である。よってパレスチナ問題は〔重い〕。この〔重さ〕は、歴史的な〔重さ〕といえる。問題の発端は十九世紀末のヨーロッパのユダヤ人問題、英国の二枚舌外交（マクマホン高等弁務官によるアラブ地域の独立の支持、これと矛盾する、ユダヤ人がパレスチナに民族的郷土を建設するのを支援するというバルフォア宣言）にあるからである。この播かれた種から、四度の中東戦争、難民問題、テロと、巨大な毒の花が咲き乱れる。

この人食い花は、今もなお、日々、人を食耽している。当事者間で解決することは不可能である。ことに、パレスチナ問題は、イスラム教とユダヤ教両者の聖地であるエルサレムをめぐる争奪でもある。したがって、第三者が仲介せねばならない。諸悪の根源国である英国、スエズ運河の安全確保という美名の下、英国とともに第二次中東戦争を仕掛けたフランスはもちろん、自国に住む自己の有力な票田となる大資本ユダヤ人の利益を代弁し、ひいては中東和平に消極的な姿勢をあらわにした結果、人間ミサイルの標的とされた合衆国もまた、公平な仲裁者とはなりえない。

アラブにもイスラエルにも、いずれにも与しない公平、中立な仲裁者が適任である。それは、日本である。その際、日本は、〔柔〕と〔剛〕により、中東和平交渉に取り組む。〔柔〕とは日本国として、他方、〔剛〕とは国連の一員として、和平を進めることをいう。

前者では、まず、今回のテロに対する米国の無差別な報復に肩入れした失態を反省する必要がある。十字軍の一員として米国の後方支援をし、穏健なイスラム教までも敵とするような印象を与えた。かつてのような良好な信頼関係は今はない。一刻も早く信頼を回復せねばならない。アラブにもイスラエルにもどちらにも与しない公正中立な第三者であり、最適の仲裁者と認められねばならない。失態をおかした自民党政権では、仲裁者に選任されそうもない。謝罪をし、戦後に一つの区切りをつけ、なおかつ米軍を撤退させ、国家の自立を果敢に進めるX党政権でなければ、和平の仲裁者に選任されることはない。

仲裁者に選任されたならば、国連の協力のもと、アフリカ、アジアの弱小国、そしてNGO等の民間人の意見を多く取り入れ、いわば国際世論の基準で、アラブ、イスラエルの領土、賠償問題を解決していく。決して、根回しにより大国の利益を代弁するような仲裁をおこなってはならない。それをやれば、必ずやテロの餌食となる。

ただ、両者の譲歩を引き出すには、長期にわたる辛抱強い外交が予想される。その仲裁外交を背後で支援するためにも、仲裁外交を進めていく間、人の交流（教育）、融資、投資（学校建設）技術開発等により、アラブ諸国そしてイスラエルと友好を深め信頼を得ることが必要となろう。日本に労働者、さらには難民をも受け入れる。留学生（イスラエル人、アラブ諸国の人々）、芸術（融合文化たるイスラム文化に、日本の文化を織りまぜた芸術文化の創造を目指す）、スポーツ（サッカーのJリーグにアラブ諸国、イスラエルのチームを加える）の大規模な交流は、和平への潤滑油となる。

他方、〔剛〕に基づく和平においては、ときに、PKO、国連緊急軍に参加することも余儀なくされる。仲介外交に合わせて、罪のない一般住民の安全を守るためにも、PKOの一員として日本の自衛隊が活躍することが期待される。

この地域は、クリントン政権時、一時和平の気運が盛り上がったが、しかし、イスラエルの首相が交替した後、強硬路線（パレスチナ人の暗殺、民間人への発砲、爆撃）がとられ、なおかつ米国はイスラエルの利益を代弁するかのごとく傍観者の態度をとり、和平に消極的な姿勢をとった。これが二〇〇一年九月の惨事を招いた最大の要因の一つ、引き金であったことは疑いない。

こうした惨事があったにもかかわらず、Ariel Sharon首相は、指導力の低下したアラファト議長を、テロリストを黙認する不作為犯と印象づけ、以前にも増して強硬路線をとる。このような力でねじ伏せようとする行為を、国際社会は決して許してはならない。世界の中の日本は、国連を舞台に、以下のような行動をとる。

まず、イスラエル軍の段階的撤退に向け、日本はイスラエルの譲歩を引き出す。次に合意が得られ協定が成立すれば、その協定を実現に向け努力する。撤退が協定に基づき首尾よく適切になされているか、ＰＫＯが監視する。さらに、和平を嫌う過激派も存在することから、テロも予想される。国連の部隊の一員として、日本は、無垢の子供、女性を守っていく。憲法が足枷となって武器の使用が限定され、イスラエル、パレスチナの住民の生命を守ることができないということであるならば、憲法そのもの（第九条二項）を改正せねばならぬ。

改正不可能な憲法の核とは、個人たる人間の尊厳であり、日本人のみの尊厳をいうのではない。ならば、人間、地球人の尊厳の回復（パレスチナ・イスラエルの住民の生命を保護する）が十二分にはかれるように、第九条二項を改正すべきである。

その三。それは、石油問題である。

焦点は二つある。第一に、供給の安定を確保する。第二に、安定した価格を維持させるという二点である。

前者の安定供給に眼を開かせた契機とは、もちろん、一九七三年十月、アラブ産油国が「アラブの大義」に与しない諸国に対し、石油の輸出を禁止したことに求められる。日本は、近代工業の血液の大半を中東に求める。したがって、中東との友好が遮断されることは、日本にとって死活問題ともなる。石油備蓄計画、石油代替エネルギー計画、他の地域（カスピ海）の石油開発投資という周到で長期的な戦略を立てつつも、中東和平、それに大きな影響を及ぼす米国との外交等を時宜を逸せず推し進めていかねばならない。

他方、後者の問題とは、石油価格高騰、通貨体制の動揺である。日本の狂乱物価、国際経済への波紋（産油国の輸入物資への跳ね返り、原油価格再値上げ、石油消費の抑制、産油国の国際収支低調）はもとより、非産油国発展途上国が価格高騰で最も大きな被害を蒙る。南南問題である。

この石油価格高騰の原因はなにか。

一つは、資源主権、ナショナリズムに目覚めた産油国の値上げ要求に帰せられる。今ひとつは、メジャー、国際独占資本、多国籍企業の経営活動に求められる。ことに、後者の責任は重い。石油のおよそ六五パーセントを七大石油会社が牛耳っている。これらメジャーは、一方では、産油国の値上げ要求分をそのまま消費者に転嫁し、販売利益の半分のみ産油国に引き渡し、他方では、生産調整し価格を高水準に維持する。

これら貧戻なる国際資本は、途方もない収益を手にする。とりわけ、中東産油の試掘のコストは、米国産石油のコストの百分の一以下にすぎない。しかも、その中東産は米国産の石油と等しい価格で売られている。メジャーは巨大な一国の予算にも匹敵しうる富を手にする。したがって、私企業の経営戦略が、国家の経済政策までも左右することができる。

このメジャーは、ユダヤ系アメリカ人を大半とする。とすると、私人が巨大な富を盾に、アメリカ経済、政治を操ることにもなる。ドルの価格変動から世界経済にも大きく波動する。メジャーを支配するユダヤ人が政治に圧力をかけ、パレスチナ問題解決への禍根ともなる。

このような状況下、日本はどのような石油外交に徹するべきか。

本来、防衛ほどパワーの均衡が緊張する世界ではない、国際経済の問題である。しかし、米国の経済、政治に多大な影響をもつメジャーの存在は、パレスチナ、中東和平の行方をも左右する。のみならず、石油価格の変動が石油依存国の生活を脅かし、ひいては、恐慌への最も有力な引き金ともなる。パワーの均衡が崩れ、世界に危機が到来する可能性は、少なくないと思われる。

しかし、日本は、国家としては、産油国側寄りにとパワーベクトルをシフトしてはならない。パワーのバランスが崩れるおそれがあるからである。ＯＰＥＣと日本が手をくみ、メジャーと敵対すれば石油の供給、価格をめぐり国家間に新たな争いが生じるであろう。やはり、私人が主体となって先導する国際経済社会の問題である。国際間の私企業の自由競争の市場には、国家は無闇に介入すべきではない。

ただ、石油自由競争が公正でないなら、それは、ＷＴＯ等の国際機関が解決すべきであろう。この中でＸ党政府は、自国の国益のみならず、非産油国の発展途上国の国益をも代弁する。石油戦略による価格高騰で最も痛手を蒙るのは、非産油国後進国（アフリカ）なのである。

以上、第一類型では、日本と各国との個別外交をみてきた。以下、第二、三類型について検討する。

第二類型（パワーのバランスをはかる勢力均衡外交）

現在、または近い将来、最も巨大にして、しかも敵対する可能性の高いパワー、それは、米国と中国であろう。もちろん、世界第二の核兵器保有国ロシアのパワーも無視できない。しかし、ここでは、米国に対するパワーとして中国パワーが主軸となるものという座標で捉える。

では、この左方向の中国パワーと、右方向の米国パワーとを均衡させる第三の合成されたパワーとはなにか。それは、日本パワーとＥＵパワーとが中心となり合成したパワーをいう。では、合成パワーのベクトルの方向、大きさはどうあるべきか。これは、どのような利害関係をめぐる対立かによって異なる。各国の利害関係が、国益にどの程度にどのように影響し、軋轢を招くことになるかによる。以下では、軍事と環境問題を採り上げる。

（1）軍事

〔1　米軍基地撤去〕

まだ日本には、米軍基地が駐屯している。この場合、パワーの構図はどう描かれるのか。

まず、短期的にはどうなるか見てみよう。以下、四段階を経る。

第一に、米国と中国のパワーベクトルの方向は、どのようなものとなるか見てみよう。中国パワーベクトルと米国・日本パワーベクトルでなす角は、一見、二〇〇一年の九月十一日以降、鋭角となりつつあった。中国も、西側と協力しテロと戦うと誓い、世界一体のテロ撲滅包囲網を張る。

しかし、他面、中国は、米国の過剰な報復に対しては、慎重な対応をと釘をさす。米国の世界戦略に組み込まれてはならぬと警戒しているからである。今後、おそらく米国は、台湾・中国国内の人権問題へ干渉し、併せ、ＩＢＭ条約離脱からミサイル防衛のさらなる開発も進めるものと予測するからである。

以上のように、米国がミサイル防衛開発を進めるなら、中国もまた、これに対抗すべく、自国の核ミサイル（現在、米国を直接攻撃できる核ミサイルを二十基備えているといわれる）を増強するものとみる。

かくのごとく、現実には中・米の二国間のパワーベクトルの開きは、一時小さくなったと思われたのは実は幻想であり、同時テロ以降も、なお大国の国益が衝突し燻り続け、さらに大きな鈍角となりつつある。

ただし、パワーの大きさは、圧倒的な核兵器の量と質を誇る米国が中国を圧倒している

[図A]

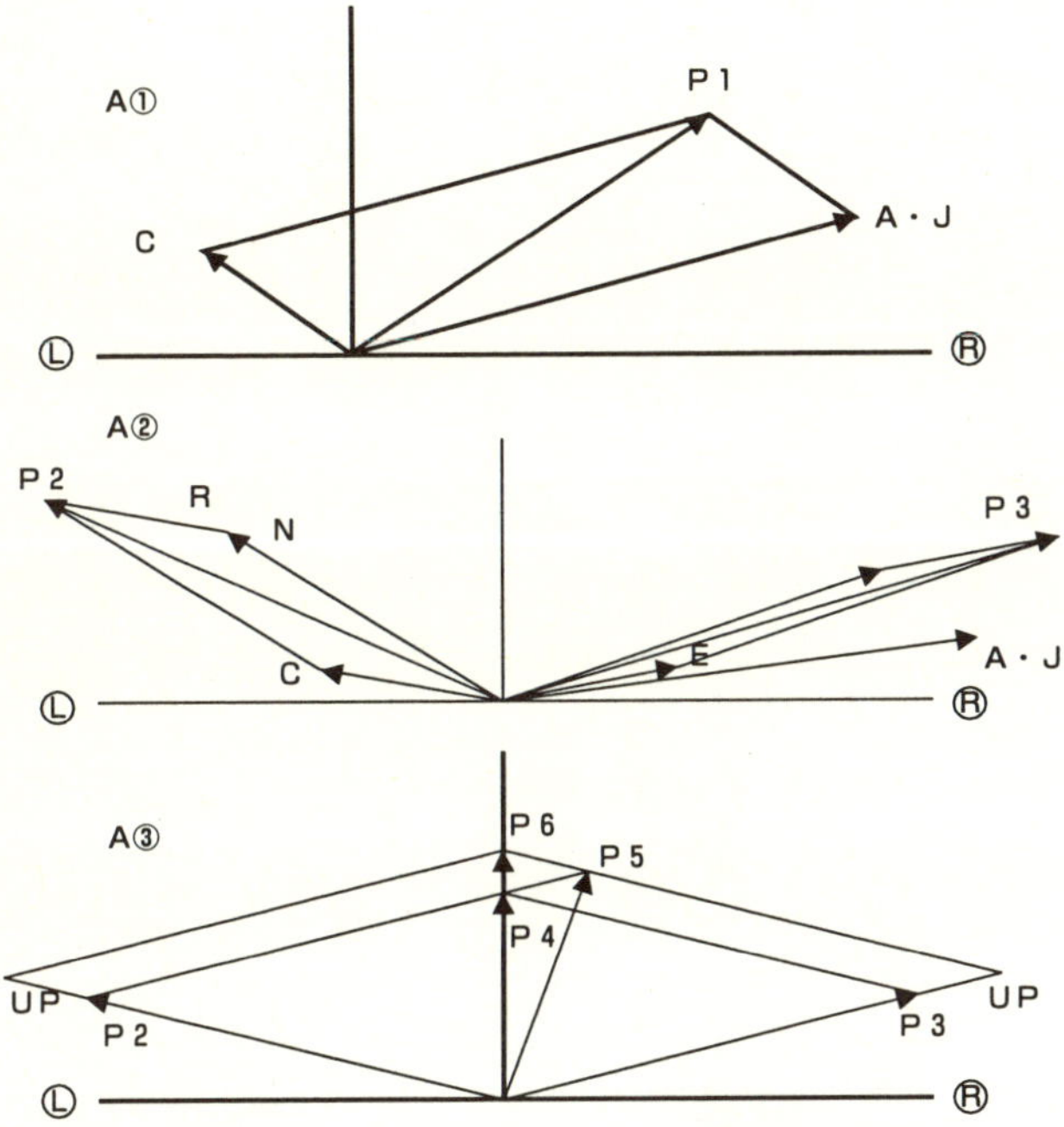

座標軸

Ⓛ　共産圏
Ⓡ　資本主義国

A　米国
B　日本
C　中国
E　欧州
N　北朝鮮
R　ロシア
D i　先進国
D e　後進国
A R　アラブ諸国

P　パワー
U P 軍備増強
down 軍備縮小

ことは疑いない（図Ａ①参照）。

第二に、この中国、米国という二つのパワーベクトルを合成してみよう。すると、図Ａの平行四辺形の対角線（Ｐ１）となる。このベクトルは、右、米国（日本）へと大きく傾斜する。しかも、合成ベクトルＰ１の大きさは、米国（日本）のパワー量と格別変わらない。左にシフトする中国ベクトルと合成しても、大きく相殺されることはなく、わずかに減少したにとどまる。

第三に、他国（ロシア、北朝鮮、欧州）のパワーベクトルも加え、世界のパワーの現状を考察しよう（図Ａ②参照）。

左には、中国パワーとロシア（事実上冷戦は終了し、ＥＵとの連携を深めつつある。しかし、ここでは、最悪のパターンをあえて想定しておく。イデオロギー上の争いは、まだ終焉を迎えておらず、最終的には、プーチン政権から保守派の政権へと交代し、帰するところ、西側よりむしろ中国側につくもの、とみておく）、北朝鮮パワーで合成されたベクトルＰ２がある。右には、米国（日本）ベクトルと欧州ベクトル（米国よりは左寄り）とで合成されたベクトルＰ３がある。

第四に、この左ベクトルＰ２と、右ベクトルＰ３とで合成されるベクトルは、どう描かれるであろうか。図Ａ③で見てみよう。

現在の（在日米軍基地は撤退せず、日本に駐屯）世界のパワーを合成したベクトルとは、Ｐ４となることを目標として、それに向かう気配はみせるが、しかしＰ３パワー（日・米ベクトル）がさらに増大し、P'３となり、結局のところ、Ｐ５へと合成されているもの、と推測する。ポスト冷戦下では、米国が一人勝ちしていると見る。強いアメリカを誇示するブッシュ路線が続く限り、日本の米国への防衛協力も手伝い、Ｐ３が増大するおそれは否定できない。

短期的視点に立てば、以上のようになるのではと予測する。（もちろん、ロシアパワーは、中国に与することはなく、欧州（特にドイツ）側に、さらにはカスピ海の開発、投資という利害関係から米国側につくことも十二分に考えられる）

それでは、以上四段階で示した短期パワーの構図は、中・長期的には、どのように変化するのだろうか。最悪のパターンを示せば、以下のようになるものと見る。

ブッシュ大統領は、強いアメリカを固持し、ミサイル防衛等、unilaterally（一方的・片務的）な外交戦略を強行する。だが、それが引き金となり、パレスチナ問題、南北問題と相俟って、燻り続けていた不満分子が爆発し、二〇〇一年九月十一日の惨事を招くこととなる。

一見、この同時テロを契機にそれ以前（台湾問題、人権蹂躙を指摘する米国による内政干渉等で）冷え込んでいた中米関係が、安定し、改善するかのように思われた。

米国主導により、世界が一体となりテロ撲滅の包囲網を張るという戦略に、中国は賛同し、さらには、中国市場の開放、米国の資本・技術援助、宇宙共同開発等により、中国と米国両者の国益が充たされるとも期待され、経済面での協力も約束される。

しかしながら、他面、テロに対する戦いの名のもとに、米国が中国周辺にchain of containment（中国封じ込めの鎖）を張りつつある。すなわち、中国にとっては、インドに対する戦略上の親密なパートナーとなるパキスタン政権が、テロに対する戦いを境に、米国の巧みな戦術により（経済援助を餌に、国内の原理主義者の反対を抑える）、劇的に米国へとすり寄り、取り込まれつつある。併せ、過去、二年間にわたり、米国とインドとの関係も改善してきた。

このような情勢では、米国主導のテロ撲滅戦略は、中国の国益に大きく反する結果に至る。米国が、中国に対し、何らかの譲歩を示さず、併せ、台湾への干渉もはかり、ますます中国強硬外交を展開するとなれば、米国と中国との関係は、二〇〇一年九月十一日以前にも増し悪化する。

加えて、ロシアプーチン政権は、冷戦後、欧州側（特にドイツ）に傾斜し、対テロについても米国に協同し、軍縮（キューバからのロシア軍撤退）を試みようとしたが、しかし、隣の大国たる中国を米国が封じ込めようとする戦略、さらにＡＢＭ条約離脱の通告に、ロシアは自国の国益の危機を予測し、西側にすり寄るプーチン政権が崩壊するに至る。結局、中国側に寝返る。と同時に、テポドンを盾に世界を強請る北朝鮮とも、ロシア新政権（ゴルバチョフを批判する保守系）が新たな同盟関係を築く。

まさしく、これらの旧共産圏が結束して協同で核兵器開発を行うという筋書き、この最悪のシナリオの可能性も否定できない。

とするならば、この旧共産圏パワーＰ３の増大に対抗すべく、競うように米国パワーＰ２も増大する。束の間、Ｐ６へと均衡するが、さらに力のバランスが崩れ、一方へ傾斜する。この展開が尽きることなく繰り返される。自ずとＰ２とＰ３でなす角度も一八〇度近くへと開きを広げる。まさに冷戦の再来である。緊張した危うい浮動の均衡は、いつか切れるDEMONの均衡ともいえよう。

この悪魔の均衡へと向かわせてはならない。阻止し、軌道修正しなければならない。その役（勢力均衡外交）を担うのが、ほかならない日本である。そして、その日本とは、かつての日本ではない。世界の中の日本である。世界の中の日本となること、それがＸ党の使命である。

[図B]

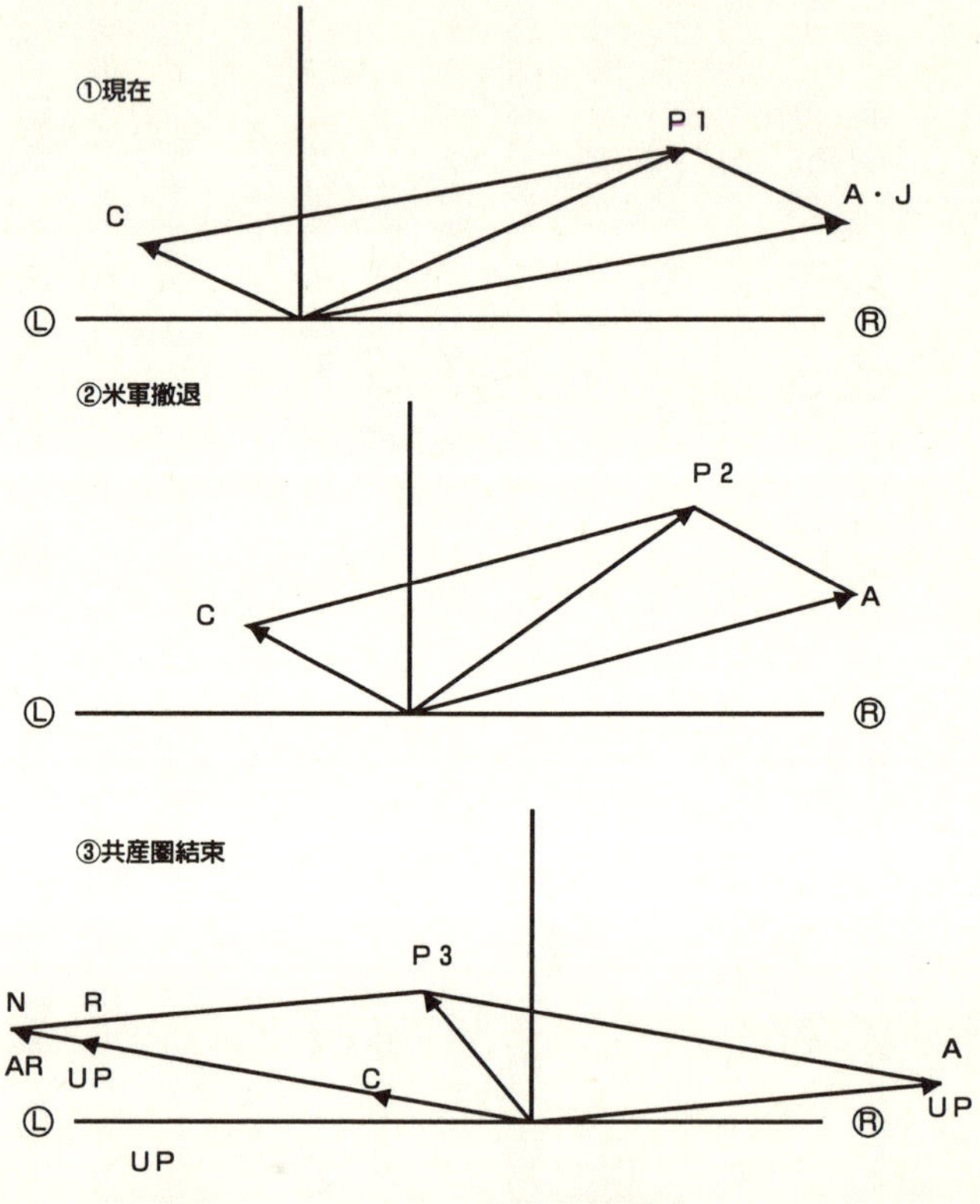

A	合衆国	AR	アラブ諸国
J	日本	Ⓛ	共産圏
C	中国	Ⓡ	資本主義国
R	ロシア	UP	軍備増強
N	北朝鮮	P	パワー

そのX党の使命を、ここでもう一度確認してみる。

まず、戦争責任につき謝罪し、在日米軍を完全撤退させる。男が外敵から家族・子供・妻を自らの手で守るのと同じく、自らの国は自らで守る。それが誇りでもある。

第二に、世界の中の日本たらなければならない。国際社会で名誉ある地位を築くために金と汗と血、そしてそのトライアングルの重心たる心でもって国際貢献する。もちろん、舞台は国連である。ここでは国際世論を味方につける。

第三に、国連を中心舞台にしつつ、他国へも巡業する。各国と文化・芸術の精神、思想の交流を主軸として、同胞の地球人であることを確かめ合う。共感から信頼、人間の尊厳を再認識する。と同時に、人間の尊厳を否定する軍拡、核兵器拡充への憤怒の輪を世界中に広げる。国際世論が、少数の権力者の横暴を赦さないという環境を張りめぐらせる。

日本は、したたかな大国の譲歩をはかりつつも、宥めず、また屈せず、スペースシップ・アースのキャプテンとして、すべての国の船員を同じ操縦席に座らせ、ピースという星を目指す。

かくのごとく、世界の中の日本となるには、日米安全保障条約の修正、そして憲法第九条二項の改正は不可避となる。したがって、以下では在日米軍が撤退した場合、世界のパワーの構図はどう描かれ、その際、日本は世界の日本となるためにいかなる外交を展開すべきか、二つのパターン〔悲観型・楽観型〕に分け検討を加える〔図B参照〕。

〔一、在日米軍基地撤退〕

悲観型。以下、五段階の過程を経る。

第一段階〔図B①〕

安保はまだ修正されていない。米軍基地は沖縄に駐屯している。上述したように、合成ベクトルP1は、米国〔日本〕に片寄る。パワーも、中国のパワーに相殺されて、大きく減少する、ということもない。米国のパワーが中国よりはるかに勝る。当然の結果である。中国・米国〔日本〕という二国間のバランスは、大きく崩れている。

第二段階〔図B②〕

安保が修正される。以下、三条項に及ぶ。

第一の修正。安保6条を削除する。したがって、在日米軍が段階的に完全撤退することになる。

第二の修正。安保4条に記載された〔脅威〕の概念を明確にし、〔事前協議〕を自衛権行使の絶対的条件とする。今回のテロに対する米軍後方支援の際には、事前協議はなかった。法の支配を踏み躙る政治は許されない。

第三の修正。安保5条の修正。現在の5条で認められている相互防衛とは、個別的自衛権である。ところが、今回の後方支援は明らかに集団的自衛権の行使である。現在の憲法の規範を踏み躙る横暴である。国家緊急権に基づくなどという言い訳は通用するはずはない。ただし、今回のような自由、民主主義に対する挑戦という事態に至っては、イスラムではないテロに対して、全世界が一丸となって戦わなければならない。果たして、日本は個別的自衛権の枠を超えることはできない、唯一の被爆国、平和国家であるから、ということで世界は納得するであろうか。なるほど、今回の戦いは、第二次大戦のような国家対国家の対立ではない。相手は、スパイ活動により世界の軍事機密にも通じているテロであり、旧ソ連も勝てなかったゲリラである。闇雲な報復は無益であり、また報復に対しては報復を呼び、きわめて危険でもある。現に今、世界は、アフガンへの攻撃で民間人の死者を出したことから、インドネシア、パキスタン等のイスラム教徒が米国への憤りから、内紛が勃発し、ラディン氏が狙うイスラム対十字軍という構図が出来上がりつつある。ジハードの脅威、過激派による細菌爆弾（smallpox天然痘、anthrax炭疽病）に、世界は今、萎縮し、不安きわまりない日々を過ごしている。これらの負の事態は否定できない。

しかしながら、今回の同時テロは、ラディン氏という私人による犯行ではあるが、だが、その背後には国家、アフガン、タリバン政権の庇護がある。国家の後ろ盾があってこそテロは脅威となる。アフガニスタンのタリバン軍事政権の庇護があったからこそ、ラディンによるテロ活動が現実に実行可能となったのである。ならば、民主主義に対する挑戦により、全世界が、国家に支援されたテロの脅威・危険にさらされているなら、日本国の実体的権利が侵害された（テロに沈黙すればテロリズムが正当化され、さらなるテロの脅威にさらされる）として、自由・民主諸国（米国）に対する攻撃は日本国に対する攻撃とみなして、そのテロを支援する国家に攻撃することは認められねばならない。

およそ三十年間にわたってテロの脅威にさらされてきた欧州（NATO、敗戦国ドイツも含まれる）も、テロに対しては屈しないとして、いち早く集団的自衛権の行使を宣言し、更には、ロシアのプーチン大統領も、自国の領土にNATOの軍事施設の設置までも認め、軍事協力をする。まさしく世界が一丸となってテロの脅威にひるむことなく戦う。この決意と行動があってはじめて、さらなるテロ行為の傍若無人なる横暴を阻止できる。

したがって、今後も予想されるこのような事態に備え、安保5条を修正する。すなわち、集団的自衛権を認めると明記する。むしろ、一律において一切集団的自衛権は認めないとすることは、今回のように〔常識〕という名のもと、やすやすと、権力が法の支配を踏み越えるに至る。これが既成事実となり、法ではなく人＝権力者の独断により、国の命運を着する政策が実行され、結局、法の支配により守護されるべき国民の人権が蹂躙される。

法が、現実に対応できない場合、法を拡大解釈で捩じ曲げるのではなく、国民の意見に基づき、法そのものを変える。国民の代表者たる国会の機動力が求められている。

それこそ民主主義（主権者たる国民の代表が法を制定、さらには憲法改正の際には第九十六条に基づき、最終的には国民投票を行う）であり、それがあって自由主義（国民の人権、個人の尊厳）が全うされる。憲法上、集団的自衛権を認め、安保条約にそれを明記すべきときがやってきた。

問題は、集団的自衛権が発動される条件とは何か、どの程度までの行使なら許されるのかである。これがきわめて重要となる。あいまいな記述は許されない。権力者が解釈で法をねじ曲げる事態を許してはならない。具体的かつ明確な記述を法に明記しなければならない。権力の濫用を阻止するための歯止め、要件は以下三つに及ぶ。

第一が、自衛権発動の要件である。これは国連憲章51条の解釈、「国連加盟国に対して武力攻撃が発生した場合」の規定をどう理解するかによる。

この点、米国は、武力攻撃が実際発生した場合に限らず、武力攻撃の脅威に対しても、先制的自衛権が認められるとしてきた。しかし、このように広く自衛権を認めることは、憲章上合法とはいえない。なぜなら、第一次大戦後、武力行使違法化の体制が形成され、自衛権発動の要件はかなり厳しく限定され、そのような法意識もまた一般化しつつあったが、これをそのまま表現した規定が「武力攻撃が発生した場合」であるからである。

したがって、集団的自衛権が行使できる場合とは、米国が実際に武力攻撃を受けた場合に限られる。そして、これを判断するのは、米国ではなく、日本である。

第二に、集団的自衛権の内容、どの程度までの行使が許されるのかが問題となる。武力行使と一体化する後方支援は、認めるべきではない。これを認めれば、在日米軍が撤退したのみで、前と同じくずるずると米国の戦略に引きずり込まれる。米国の半ば意図的な戦略に組み込まれ、日本が米国の盾となり、日本が戦場となる危険性が高くなる。武力行使は、国連による組織（ＰＫＯ・国連軍）の一員として国際貢献をはかる中でのみ認められる。その際、欧州のみならず、中国、ロシアとも連携をはかりつつ、平和維持活動を実践していくべきである。とりわけ、米国の力を最も阻止しうる中国の役割は大きい。

したがって、日米安保に基づく集団的自衛権の行使とは、武力行使と一体となった後方支援以外の食料、薬品の輸送、補給等の支援に限られる。

第三。自衛権は、緊急性、必要性、均衡性という三要件を充たさねばならない。ところが、ときに三要件の枠を越え自衛権濫用に至る。この濫用を防ぐための規制が必要となる。その歯止めとなりうるものは二つある。一つが国内的、もうひとつが国際的、規制である。

その国内的規則とは、自衛隊を派遣する際、国会の事前承認を必須の要件とする、という歯止めである。国の在り方を最終的に決める力、すなわち、主権は国民にある。その国民の代表者で構成される国会の承認があってはじめて、権力の行使が認められる。

にもかかわらず、小泉政権は、事後承諾で足りるとする新法を成立させる。人間の尊厳を踏み躙るテロに対しては、剣が必要である。だが、剣を無闇に抜き、振り回しすぎれば、それはもはや、正義の剣ではなくなる。目には目であり、目には命であってはならない。

米国の通信簿の内申書の評価をいつも気にする優等生は、今回は十年程前のような恥はかくまいと半ば米国の外圧に屈する形で、半ばその外圧を巧妙かつ狡猾に利用して、イージス艦をインド洋に派遣しようとする。一時、頭をなでてもらった優等生は得意になっていたが、それも束の間、anthrax、smallpox、pluge（ペスト）の恐怖に怯える日本国民から非難され、今、優等生は、この国民のやり場のない憤りの標的にされている。優等生は為すすべもなく、ただ狼狽する。

権力の濫用をチェックするもう一つの要件、すなわち国際的規制とは、正義の女神の目には目隠しがほどこされている、ということである。罪を裁く女神は、bias（偏見）のない客観的な判断の可能な、中立の第三機関でなければならない。最終的には、武力行使は国連により統制されねばならない。時に、正義の名の下に濫用されうる自衛権を抑止・防止する規定、それが国連憲章51条である。其処には、安全保障理事会が平和・安全の維持に必要な措置をとった場合、自衛権に基づく措置は停止されるべきと規定されている。

ただしかし、安全保障理事会が紛争の当事者なら、拒否権が行使され51条は機能不全に陥る。したがって、「平和のための結集」決議に基づいて、総会が「国際の平和・安全」の維持に必要な措置をとった場合も、集団的自衛権に基づく措置は停止されると解釈するべきである。

かくのごとく、自衛隊派遣には国会の承認を必須の要件として、さらに、集団的自衛権の行使は、国連総会が平和の措置をとるまでの暫定的なものに限る、という内容を現行の安保条約5条2項を補正する形で、但書として新安保条約に盛り込む。

以上のような二つの歯止めが新安保条約に明記されると、たとえ後方支援としての輸送を行うとしても、国連に引き継ぐまでの一時的な、いわば緊急避難的措置となり、自衛権が濫用される危険性は杞憂と化す。

以上、集団的自衛権行使が許される要件である。以下、まとめて確認する。

米国が現実に攻撃を受けたと、日本自身が判断したとき、そのときはじめて、日本は自国に対する攻撃とみなし、武力行使と一体化した米軍への後方支援ではない、食料・医薬品等の輸送支援を行うことができる。ただし、この後方支援は、国連が一定の措置をとれば停止しなければならない。

この内容は、条文上、次のように明記される。

第一。「共通の危険」があったか否かの判断者は、日本である。併せ、集団的自衛権の行使（食料・医薬品の後方支援に限る。武器の輸送は認めない）として自衛隊を派遣する際、国会の事前承認は不可欠である、という旨の文言が5条2項後段に明記される。

第二。現在死文化している5条2項が、現実に機能するよう改められる。すなわち、日本が、自国の平和・安全を危うくする武力攻撃があったと判断し、集団的自衛権を行使できるのは、安全保障理事会に加え、国連の総会が国際の平和・安全を維持するために必要な措置をとった場合までに限られる、と修正される。かくのごとく、限定されているとはいえ、集団的自衛権を認めるからには、当然、憲法第九条二項の改正は避けられない。もちろん、憲法第九条二項改正後、安保が修正されることになる。


それでは、このように安保条約が修正され、いよいよ在日米軍が撤退するとなった場合、大国のパワーはどのように変化するであろうか。困難な作業だが、予測してみよう（図B②）。

まず、当然、米国のパワーは減少する。それとともに、これを契機に、中国は軍拡をはかろうとする。中国ベクトルの向きも左横軸へと傾斜する。
それに対抗すべく、或いはその予測のもと、米国は、極東戦略基地の穴を埋めるために、自国・アジア諸国の軍備を増強する。米国ベクトルの方向も右横軸へとシフトする。併せ、中国の軍拡に警戒する東南アジア諸国、韓国、インドもまた、米国の軍事支援を期待しつつ、自国の軍備を増強する。

しかしながら、米国が、極東さらには中央アジア・中東の戦力拠点である在日米軍（四万五千人）を失うことは、致命的ともいえる打撃を受ける。在日米軍が撤退したあとの米国のパワーベクトルP2（東南アジアのパワーも含める）は、撤退以前よりも相当減少し、しかも、米国パワーベクトルは、左パワーの磁力に引き寄せられる。結局、米国のパワーは、大きく左へと引き寄せられ、右横軸よりも、縦軸寄りにシフトするものと予想する。

第三段階（図B③）。

同時テロ後、ロシアは、軍事上（NATOの軍事拠点をロシア領土に設置）も、欧州諸国（特にドイツ）に積極的に協力する姿勢をみせる。ところが、在日米軍撤退という予想外の展開から、外交方針を転換する。長期的な視点に立てば、潜在的力を誇り、体制も似通っている中国と組むほうが、得策であると決断する。これを契機に、大国米国の世界戦略を挫折させ、失いつつあったかつての威信・威光・誇りを蘇らせようとする。北朝鮮も

[図C]

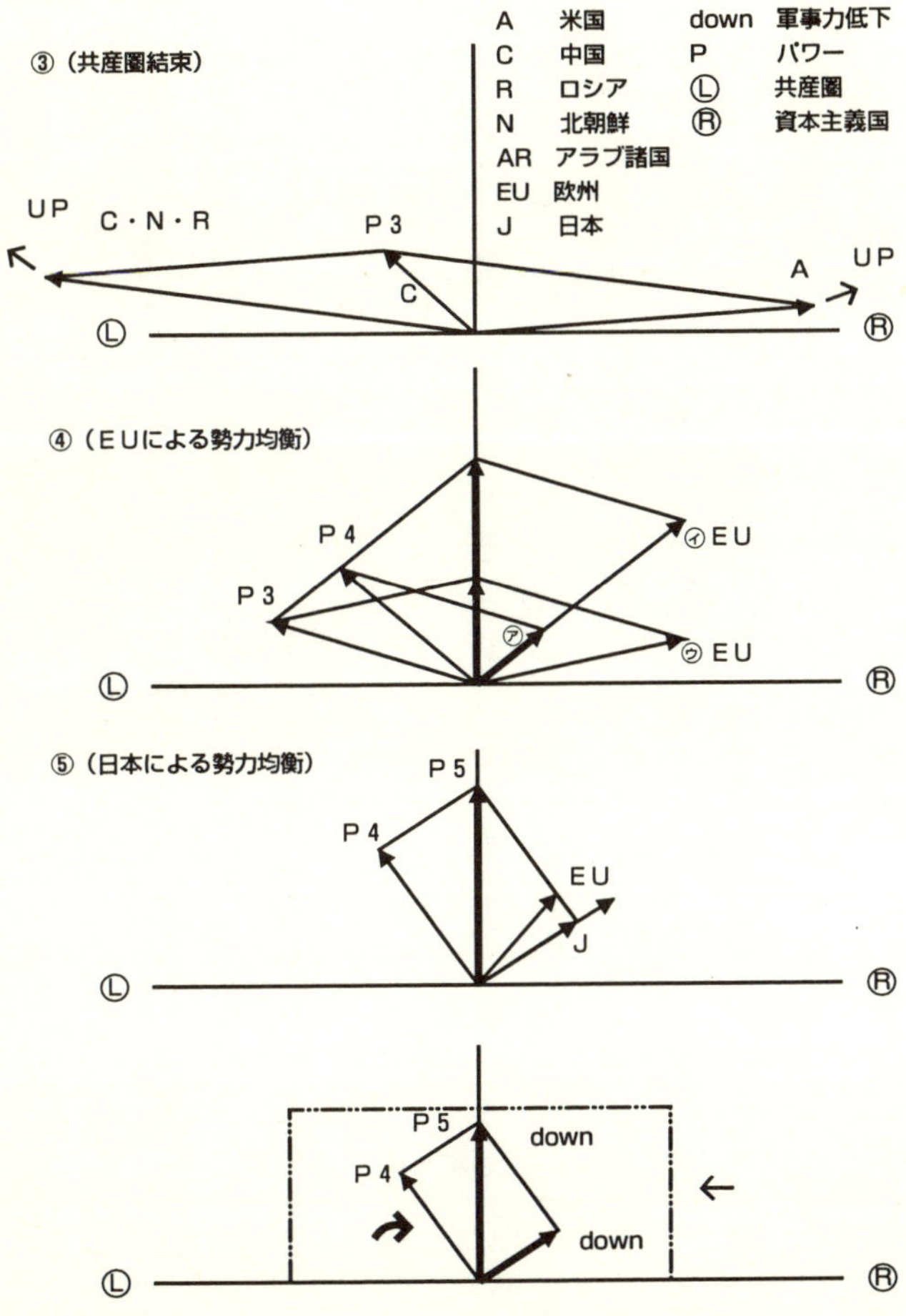
A 米国
C 中国
R ロシア
N 北朝鮮
AR アラブ諸国
EU 欧州
J 日本
down 軍事力低下
P パワー
Ⓛ 共産圏
Ⓡ 資本主義国
③（共産圏結束）
UP
C・N・R
P 3
C
A
UP
Ⓛ
Ⓡ
④（EUによる勢力均衡）
P 4
P 3
㋑ EU
㋐
㋒ EU
Ⓛ
Ⓡ
⑤（日本による勢力均衡）
P 5
P 4
EU
J
Ⓛ
Ⓡ
P 5
down
P 4
down
Ⓛ
Ⓡ

誘い、ロシア・中国・北朝鮮三国が協同して、米国を封じ込めようと戦略を練る。

好機が到来すると、ここぞとばかり、左パワーは、一気に軍備を増強する。この動きに合わせ、米国に潜在的な敵意を抱くアラブ諸国及びアジア・アフリカのイスラム諸国も、行き過ぎた報復（米軍の空爆によりイスラム民間人が多数死傷）への怨念と相俟って、米国封じ込め政策に加勢する。左に靡くパワー、ロシア・中国・北朝鮮・アラブ諸国ならびにアジア・アフリカ・イスラム諸国のパワーを合一すると、第二段階よりも格段と合成パワーは増大し、パワーの方向も一層左軸へとシフトする。

では、この左パワーと右パワーとを合成すると、どうなるか。それはＰ3となる。このＰ3のパワーベクトルは、中心の横軸を横切り、中心より左寄りへとシフトしている。この事態に、米国は、当然、危機感を抱く。あの朝鮮戦争当時のトルーマン大統領と同じく、東側の脅威を国民に煽り、国防費を増大する。米国パワーベクトルは、右横軸へとさらに移動しつつ、大きくなる。これに再度対抗すべく中国、ロシア、北朝鮮、アラブ諸国（イラク）、及びパキスタン、ソマリアも、核開発、核実験を再開する。この左パワーベクトルは、さらに左横軸へと誘導される。しかも、この左パワーは巨大である。右のパワーのエネルギーは、左のそれに劣る。

帰するところ、この左右の合成ベクトルは、いまだ中心より左にあると予想される。加えて、この左寄りの合成パワーベクトルの力量もまた増大する。米国は焦る。左右の血の綱引き競争は、永遠に続く。いや、緊張に耐えかね、綱が切れるかもしれない。

世界は今、二十一世紀の新たな戦争であるテロ、民族紛争の脅威はもちろん、それに加えて、一度終焉したとされる二十世紀後半の冷たい戦争の再到来に遭遇する。


第四段階（図C④）。

まず、欧州諸国（EU）が、左右に拡大するパワーの均衡をはかる。その際、EUは、いずれかのパワーに与する愚行をおかしてはならない。また、左のパワーを宥める外交もとってはならない。人間の尊厳の回復のために、自らはどの方向のどの程度のベクトルをとるべきか、熟慮、断行せねばならない。

欧州のベクトルの方向は右寄りだが、しかし、（右軸に大きくシフトする）米国よりも中心の縦軸に近い。また、ベクトルの大きさは、米国、共産圏ベクトルよりも小さい。

では、米国のベクトルと中心の縦軸との間のどの位置に自身のベクトルをもってくるべきか。また、とるべきベクトルの大きさはどの程度なのか。この欧州のベクトルの方向、大きさいかんにより、日本がどのような勢力均衡外交をとるべきかが決まる。いや、むしろ、欧州と日本がそれぞれどのような役割を担うべきか、協力して戦略を立てる必要がある。戦略の目的はいうまでもなく、人間の尊厳の回復、国際平和のためである。

この個別的な戦略と同時に、国連をも活用する。確かに、常任理事国三国が平和の攪乱者たる当事者であるゆえ、国連による紛争解決は画餅と化す。しかし、ここには、ノー・モア・ヒロシマを祈り、願う地球人の声、墓地に肉は埋めるが魂は今なおさ迷い続けている愚かで欲太な権力者による歴史的犠牲者、この人たちの悲泣の声が、絶えず反響している。これらの魂の声、国際世論を、左右のパワーの権力者に浴びせる。スピリットは核より強し。

これらの世論が、大国の横暴を阻止する均衡外交の有力なる手段となりうるかは、かつて汗と血と心で、どれほどに国際貢献をしたかによる。すぐ側で地球人が助けを求めているのに、命乞いをし、聞かぬふりして素通りする成金には、誰も敬意は払わない。汗だけでは足りない。「気持ち」だけでも駄目である。

では、ここで欧州のパワーベクトルが、ベクトルP3にどのような力を及ぼすか、見てみよう（図C④参照）。三つのケースを想定した。

第一が、㋐の場合である。ＥＵベクトルの方向は、米国ベクトルと中心の縦軸のおよそ中間に位置している。ベクトルの大きさは、次に述べる㋑のＥＵベクトルよりも小さい。このＥＵベクトルとＰ３ベクトルとで合成されたパワーが、Ｐ４ベクトルである。確かに、左軸寄りから縦軸へとシフトできた。合成パワーは均衡線＝中心横軸へと振れる。しかし、その振れは小さい。そして弱い。左ベクトルが増大すれば、すぐ左横軸方向へ引き戻される。誰かのパワーが必要となる。米国ではない。これは地獄、軍拡へと至る道の選択となる。

世界は、オリエントの勇者の力を必要とする。

第二が、㋑の場合である。㋐と比較すれば、ＥＵベクトルの方向は同じだが、しかし、ベクトルの大きさが違う。Ｐ３とほぼ同量のエネルギーである。（Ｐ３と同量の）ＥＵベクトルと、Ｐ３ベクトルを合成してみよう。当然のごとく、合成されたＰ４は、縦軸上、力の均衡線に位置する。ここに、力のバランスが達成される。

しかし、これは、平和を築く勢力均衡なのだろうか。否。ＥＵベクトルの大きさが問題となる。Ｐ３と同じ力を持つベクトル、これは米ベクトルをも脅かす規模である。とすれば世界は、現在、一見、均衡が保たれているように思われるが、しかしそれは一時的な現象にすぎず、すぐさま共産圏、米国、そして欧州という三極で、命の鎬を削る場と化す。軍拡への道となる。したがって、宇宙船地球号は、これを許さない。これを望む者は船から降りてもらう。

第三が、ⓤである。ベクトルの大きさはⓐとⓘとの中間である。しかし、方向が異なる。ⓐ、ⓘよりも、右横軸に多く傾斜している。このEUベクトルとP3ベクトルで合成されるベクトルは、均衡線＝中心の縦軸に位置する。

なぜ、均衡線へとシフトすることができたのか。それは、不足した米国のパワーベクトルのエネルギーを、EUパワーが補給したからである。まさに、米国ベクトルとEUベクトルとが合一し、共産圏ベクトルのパワーに打ち勝ったのである。この勝利の後には、敗北が待っている。共産圏がさらにまた、欧米パワーに負けじとパワーアップするからである。際限なき軍拡競争である。われわれは、当然、この軍拡の道へと導かれるⓤ選択は、破棄する。

以上より、EUパワーベクトルは、図Cのⓐとなる。これは、均衡線には届いていない。中心縦軸へと引き寄せる、もう一つ別のベクトルが必要となる。

第五段階（図C⑤）。

日本が取るべきベクトルの大きさ・方向は、いかにあるべきか。

いうまでもなく、合成されたベクトルが、（均衡線上に位置する）ベクトルＰ５となるよう、日本のパワーを導入せねばならない。その際、日本がとるべきパワーベクトルとは、ＥＵベクトルいかんによる。いやむしろ、国連を中心舞台として、国際世論を背景にＥＵと協同し、それぞれがとるパワーの配分を決定しなければならない。ＥＵパワーが大きければ大きいほど、またＥＵが自らのベクトルを右横軸上へとシフトすればするほど、日本のパワーの配分は少なくてすむ。警察予備隊程度で足りるかもしれない。

しかし、ＥＵパワーの強化、米国への傾斜は、軍拡へと至る。ディレンマである。憲法と国際貢献は緊張する。

われわれＸ党は、この緊張の糸を切らねばならない。日本人のみの尊厳ではなく、日本人も含めた地球人、ヒューマンの尊厳の回復という選択を取らねばならない。勢力の均衡をはかるには、日本にはどの程度の自衛力が必要なのか、欧州諸国と協力して戦略を立てねばならない。この戦略が奏功し、大国の力のバランスがはかれたならば、次には、均衡点に達した合成ベクトルＰ５を縮小させるべきである。すなわち、それぞれの大国のパワーを減少させ、さらに、大国のベクトルの方向が中心縦軸へとシフトするよう働きかける。

軍縮である。核兵器廃絶へと大国を誘導する。大国に核兵器拡大は国益とならないことを説得せねばならない。この役割を担うのが国連である。核兵器削減に向けた条約を締結する。ただ、条約に違反した際のサンクションをどうするかという難問がある。国際司法裁判所はどう対処すべきか。現在の五大国が牛耳る安全保障理事会、拒否権の問題もあろう。日本が国連のイニシアティブをとるには、国連憲章の改正も必要となろう。そうなるには、地球号のキャプテンとなるには、大国、欧州、第三世界の国々が納得するだけの国際貢献が是非とも必要となってくる。

以上の悲観型に基づく均衡外交を整理してみよう。

謝罪、在日米軍撤退後、大国のパワーのバランスをはかれるためだけの防衛力を確保し、自衛隊の海外派遣、（紛争地域の平和維持活動をおこなう）国連の軍隊、（憲章第七章に規定されている）国連軍への参加、へと着手する。民族紛争の平和維持活動等に貢献するなか、世界の国家から尊敬と信頼を勝ち得る。と同時に、日本はノー・モア・ヒロシマを世界に、人々に訴え、世界世論を日本に引き寄せる。この世論を盾に、あるいは矛として、大国に軍縮核兵器削減を訴える。世界平和を願う世論に背を向けることは、自らの国益、政権をも危うくすることを納得させる。

国際平和というマインド、人は尊いというスピリットを、頭と心臓の奥処に貯蔵している正義（Die Gerechtigl-teit）の女神ヤーパン（Japan）は、目隠しをしたまま、右手には

[図D]

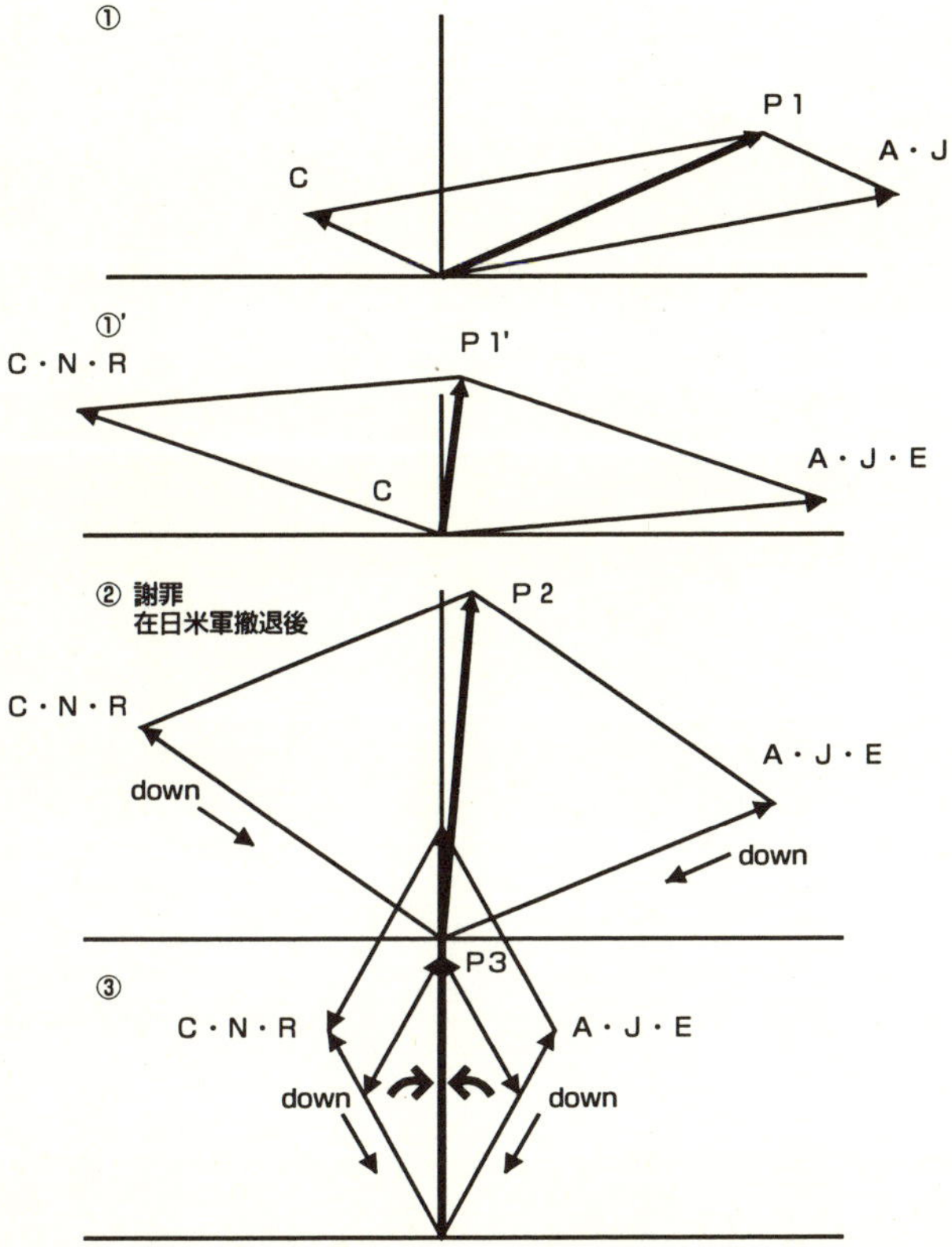

A	米国	C	中国
J	日本	N	北朝鮮
EU	欧州	R	ロシア

弱者を力でねじ伏せる〔強〕ではない〔剛〕と刻まれた剣をもち、他方、左手には強者を宥める〔弱〕ではない、〔柔〕と描かれた天秤を手にし、透明な青き球、アースの涙目から血が涙雨しないよう、地球を見守り支配する。〔剛〕とは、国連での国際貢献（国連軍参加、PKO）であり、〔柔〕とは、個別国家間の勢力均衡外交、国際平和活動である。

二つ。楽観型。

三段階を経る。勢力均衡外交に労心・労苦もなく、自ずと軍縮が進展するという筋である（図D参照）。

第一段階（図D①）。

在日米軍は沖縄に駐屯している。楽観型では、現状は図D①，①と推測する。

①では米国・日本と中国、他方、，①では共産圏（中国、ロシア、北朝鮮）と米国・日本に関して。これら左右のパワーの対立から、どのような合成ベクトルPが構成されるかを描いている。

図Dをみると、悲観型と比較して、左右のベクトルの大きさの差異をより小さなものと捉えている。しかも、ベクトルの向きも左右の横軸寄りに片寄るのではない。左右のベクトルで作られる角度の開きも、悲観型と比較して、より小さくなっている。

これは、なぜか。二〇〇一年九月十一日以降、世界のパワーの構図は一変し、ロシア、中国という旧共産圏も、西側・米国と一体となって、テロリズムと戦うという図式が定着したと捉えているからである。もはや、二十世紀までの国家対国家の戦争は、おそらくありえないであろう、二十一世紀は、テロ組織、民族紛争等、国家の枠組みを超えた紛争をいかに解決していくか、これが核となる世界となる、と予測している。

では、この場合、どのような合成ベクトルができあがるのか。

まず、①では、合成ベクトルは、P1となる。右側に位置する。しかし、右横軸へと大きく傾斜している悲観型より、より縦軸に近く傾斜している。ベクトルP1の大きさも、悲観型よりも小さくなる。

他方、①によれば、旧共産圏のみの合成ベクトルは、①の場合より、自ずと左横軸に寄っているが、しかし、悲観型ほどに、左横軸へ多く傾斜していない。共産圏のみの合成ベクトルの大きさも、悲観型よりも小さい。したがって、左右で合成されるベクトルP,1は、右側にはあるが、だがかなり中心の縦軸、均衡線に近づいている。

以上、米国と中国との力関係は、悲観型ほどに不均衡は生じていないとみる。一時的に、米国のパワーベクトルがアップしつつ右横軸へと(ミサイル防衛構想)、中国または共産圏のパワーベクトルがアップしつつ左横軸へと（内密に核兵器開発、増強）移行しても、それは、他国、国際世論の圧力等に押され、あるいは経済的な利害関係（中国、ロシア市場へ米国の資本、技術を移転）により、自ずと修正され、軍拡、戦争へと進むという可能性は極めて低い、とみている。

第二段階（図D②）。

日本が戦争責任について謝罪した後、在日米軍が日本から全面撤退する。

米国のパワー量は減少する。ベクトルの方向は、中国側の出方を見つつ、やや右横軸へとシフトする。それは、米国が次のように今後の世界図を予測するからである。

安保条約は修正されてはいるが残存しており、しかも、日本の戦争責任にも終止符が打たれた。今後、日本は、中国、北朝鮮、さらにはロシアとも友好を深める。落ち込んだ米国の景気を回復させる起爆剤ともなりうる中国、ロシア市場（カスピ海）で、日本に先を越されては大きく国益を損なう。欧州、途上国の世論を代表する国連の動きも無視できない。EU、アジア同盟、ロシアとが意気投合すると、米国は孤立する、あのTHE RISE AND FALL OF THE GREAT POWERSのごとく凋落することにもなりかねない、と米国は利害計算し、しばらく様子を見る。

他方、日本と中国との友好が奏功し、中国は日本に多く市場を開放する。日本も、自国の産業のコアーが中国にhollow outされる（抉られ空洞化する）などと構えずに、むしろ、産業構造変革の転換期、峠として、他国には真似ることのできない日本国独自の産業の開発・振興に目を向け（たとえば、ネクタイの安売り競争をユニクロと競うのではなく、友禅染のデザイン分野等ソフト産業の振興・育成に努める）、繊維をはじめとして中国製品の輸入促進をはかる。

留学生の交換も以前とは比較にはならないほど増え、以前なら米国を求めたであろう優秀な留学生が日本へと向かう。人が育ち日本企業に多く就職する。人口減少で悩む日本は、中国からの移民を大量に受け入れる。この久々の力は、日本経済を支える機関車となる。

芸術の交流も進む。日本の唱歌に魅せられた中国一流の音楽家が、日中融合の創作音楽を創造する。見事な模倣catsだけではなく、歌舞伎と京劇との合作作品もクリエイトされる。他方、以前、中国人は机の脚まで食べるほどに強欲で不潔な民族と卑しんでいた日本人が、中国に魅せられ帰化する。一例をあげれば、ある日本人が、あの枯山水のある禅宗庭園に遭遇し、さすがは日本の美と感嘆の声をあげ、癒しを得て復活のきっかけを掴んだが、実は、この自らの精神を揺さぶった龍安寺の石庭とは、宋元文化と日本文化との折衷と知り、やがて中国の地にある寺の禅僧となる。

かくのごとく、日中の信頼が深まる中、中米、米ロ、米朝との間で平和条約を締結する気運が高まる。経済が落ち込む各国の首脳は、共産圏の市場開放と米国の資本提供、技術協力促進をはかる。これらと核軍縮とは比例関係にあり、国益に適うとソロバン勘定をする。

かつて、横軸と自らのベクトルとは鎖で繋がれていたが、その鎖がはずれ、あることを契機に、中心の縦軸=均衡線へと、パワーを大幅にダウンさせつつシフトする時が到来しそうな環境となる。

第三段階（図D③）。

その鎖が外れる時がやってきた。平和条約（核兵器削減）が、米国と共産圏さらには、イラク等の核保有国との間で締結される。仲人は、もちろん日本である。韓国も加えた宇宙共同開発も条約に盛り込まれている。宇宙開発センターは日本とされる。

各国は条約に従いパワーを減少する。国連が条約を遵守しているか監視する。核軍縮とともに米国と共産圏、アラブ諸国との人の交流も累加する。譲歩をかさねつつ互いに歩み寄る。

各国のベクトルのパワーはおよそ半分となり、中心縦軸へときらにシフトする。その結果、合成されたパワーは中心縦軸、均衡線上に位置するベクトルP3となる。この合成されたパワーP3は、宇宙開発へと平和利用されることになる。

日本は、何ら軍備を増強することなく、自ずと、大国間の勢力均衡が達成されるに至る。米軍撤退後の自衛力は、この点だけをみれば、警察力で足りる。

ただし、国連での平和維持活動、大国間の争いではないテロ活動、民族紛争の解決をどうするのか、という問題は残る。国連の平和維持活動をおこなう国連の軍隊に参加すべきかという問題である。大国との均衡外交では、軍事に頼ることなく均衡外交を成し遂げることができたのだから、パレスチナ問題、アフリカの民族紛争においても、軍事に頼らぬ平和活動で国際社会から尊敬される国際貢献ができる、という意見もあろう。

しかし、自爆を恐れぬイスラム過激派のテロに、イスラエルのか弱き子供、老人は救いを求めている。国家間の和平への道は遠い。出口が見えない。その間にも、日々、民間人は確信犯の餌食となり、他方、傲岸で厚顔無恥な政治家の鶴の一声で、イスラエル兵は闇から悪魔の唾を、アッラーの神の宿る静寂の館に吐き散らす。白き布を纏ったか弱き褐色の肌の奥へと、悪臭を放つ唾が浸透する。唾の毒に白き衣は濁った赤で染色され、そしてうめきつつ肉は絶える。しかし、肉の後に残った魂がさ迷い、家族、同胞の命の救済を求め、懇請の音なき声を天に拡散する。無音の声を耳にせずとも耳にした若き勇者は、国家派遣の国連軍に志願し、テロの脅威とイスラエル兵の銃にも屈せず、救いの主となる。
われわれ日本人も、救いの主とならねばならない。国際貢献とは、茨の路である。

以上が、悲観型と楽観型との勢力均衡外交である。このほか、ロシアが欧州側につくパターンも十二分に考えられる。これは、米国、中国、そしてEU＋日本＋ロシアという三極で、力の均衡がはかられる。いわば楽観型に近い第三の型となるもの、と予想する。では、どちらの可能性が高いか。在日米軍が撤退した後の将来の予測である。予測は困難だが、やはり、同時テロに対する戦いで世界は一体となりつつあるかのように思えたが、しかし、実は、その裏には、それぞれの国の政治的野心、プライド、国益が潜在化しており、長期的なスパンでとらえれば、この国家の威信・国益が顕在化し、衝突軋轢を起こし、結局、悲観型となるのではないか、と予測する。併せ、このようなテロに対する共同戦線という一時的な均衡状態は、在日米軍撤退という世界の予測を覆す、いわば軍事戦略上の革命という衝撃に耐え切れず、緊張の糸が切れるからでもある。

いずれにせよ、日本が米国の庇護の下を離れるという決断をし、それを実践するとなれば、相当の覚悟が必要となる。それは、国内の憲法改正にとどまらない。憲法の改正は出発にすぎない。問題は、その憲法をどのように運用していくかにある。法を実際に運用していく政治家が、世界の中の日本として、改正された憲法をどう使いこなしていくかに、日本の運命はかかっている。われわれ国民は、この政治家が憲法に従い、憲法の精神を噛みしめ、国際社会で名誉ある地位を築くことができる行動をとっているのか、監視していかねばならない。それが、われわれ国民に課された義務、憲法第九十九条に基づく憲法擁護義務でもある。

それでは、現在、日本は、国際社会で名誉ある地位を占めることができているか。二〇〇一年九月十一日を境に、米軍に十分協力した、湾岸戦争での汚名は払拭され、国際社会で高い評価を勝ち得た、とする声も少なくない。しかし、果たして、そうであろうか。

今回の米軍後方支援は、およそ米国の要請に従ったままの、自由・民主主義をテロから守るためではなく、国際社会で孤立する・米国の機嫌を損ねるという怯えからのもの、と国際社会は評価していると思われる。

国際社会とは、西側・米国だけではない。イスラム諸国、アフリカ諸国の途上国をも含めた国際社会である。この社会で名誉ある行動をとらねばならない。

第一回目のアフガンへの報復で民間人に死者を出したとき、なぜ、犠牲となった弱者・

貧者が受けた傷を癒すために、即座に米国からの注文ではなく、自らの意志で、難民救援活動を実行しなかったのか。なぜ、国内の穏健なイスラム教徒の人権を守るために、(ジハードの脅威・不安から、日本人がイスラムの女性・子供に危害を加えるおそれもある) 過激派と穏健なムスリムとは異なるということを、国民に広くアピールしなかったのか。なぜ、いきすぎた米国の報復、イラクへ攻撃を仕掛けようとするとき、「慎重に」と忠告できなかったのか。

このようにイスラムへの理解の姿勢を、日本国家が独自の判断で、イスラム諸国・世界世論にアピールし、なおかつ、米国の過剰な報復には同じアジアの大国中国のごとく(もちろん、したたかな戦略上からの外交でもある)、慎重な配慮と忠告できたならば、凍死、飢餓寸前の難民の下に、日本の自衛隊が参加する国連の救援物資が届けられ、日本の民間人のNGOの救援も、反イスラムとして拒絶されることはなかったものと予測する。

在日米軍を撤退させた今、新しい日本として、国連のリーダーとして、世界のbeacon(灯台)として、国際社会で名誉ある地位が築けるよう、主体に、中東で、アジアで、アフリカで、さらには欧州の民族紛争が絶えない国家で、国際貢献を実践していかねばならない。

くわえて、日本国内の政治も、国際社会から尊敬される、立憲民主主義に基づくものでなければならない。

ところが、声高に改革と叫びつつ、土建国家の要塞を崩せない、いやあえて崩そうとするのをためらう。併せ、もたついた外交は、日本の国益を損なっている。

西洋人は、日本の昨今の政治を眺め、日本とは、依然としてリベラルな民主主義国家には程遠い幼児と評する。七、八割もの国民が、自らにいずれ降りかかる痛みを他人にかかる痛みと錯覚し狂信する姿は、決してリベラル、デモクラシーを知る成人の姿とはいえない。鋼鉄の女と自負する更迭の女は、品格ある繊細な美しき日本女性ではない。知に誘導された〔情〕ではなく、感情の赴くままに任せた〔情〕による外交では、国家は滅ぶ。

以上が、「軍事」をめぐる均衡外交などである。

〔環境〕

次に均衡外交として環境問題をとりあげる。（岩井東大教授の見解を参照）

昨今の京都議定書の批准をめぐる利害の対立をみてみよう。

この利害の対立とは、未来と現在の二つの世代間の利害の対立であるといわれている。現在の世代が、現代のだれの所有権も侵害しないからといって、際限なく自己の利益を追求していけば、温暖ガスが増え続け、共有地である地球の大気は異常に暖まり続け、やがては南極の氷が解け大洪水となり、地球は滅亡し、結局ノアの方舟に乗った人、家畜だけが助かるという事態に至る。

確かに、温暖化により人命を失うという被害を被るのは、遠い未来の人々である。われわれ日本人が温暖化ガスを出し続けても、多少地球は暑くなるが、温暖化による洪水で命を奪われることはない（ただし、現在、世界では温暖化による洪水で被害を受けている人が多数いることは、忘れてはならない）。しかし、未来の世代の人間が犠牲となる。現代の世代が飽くなき経済活動で利益をうけ、その結果、未来の世代の環境を破壊するのなら、未来の世代が被る被害に応じて補償しなければならない。

そこで、未来世代の人間と、経済的利益と環境破壊について取り引きをしなければならない。しかし、未来世代の人間は、現在という次元には存在しない。それゆえ現代の人間が未来の人間の代理人となる。未来の世代の代理人（現代の世代）と相手（現代の世代）とが契約を交わすのである。

大気は共有地だから悲劇が生じる。大気を分割して一種の所有権を設定しよう。温暖化ガスを出しても、自己の所有権が設定された大気ならば許そう。しかし、その所有権の枠を越え温暖化ガスを排出した場合には、将来の世代の環境を破壊することになるので許さない。温暖化の加害者となりうる先進諸国に温暖化ガスの排出量を権利として割り当てる。

[図E]

①

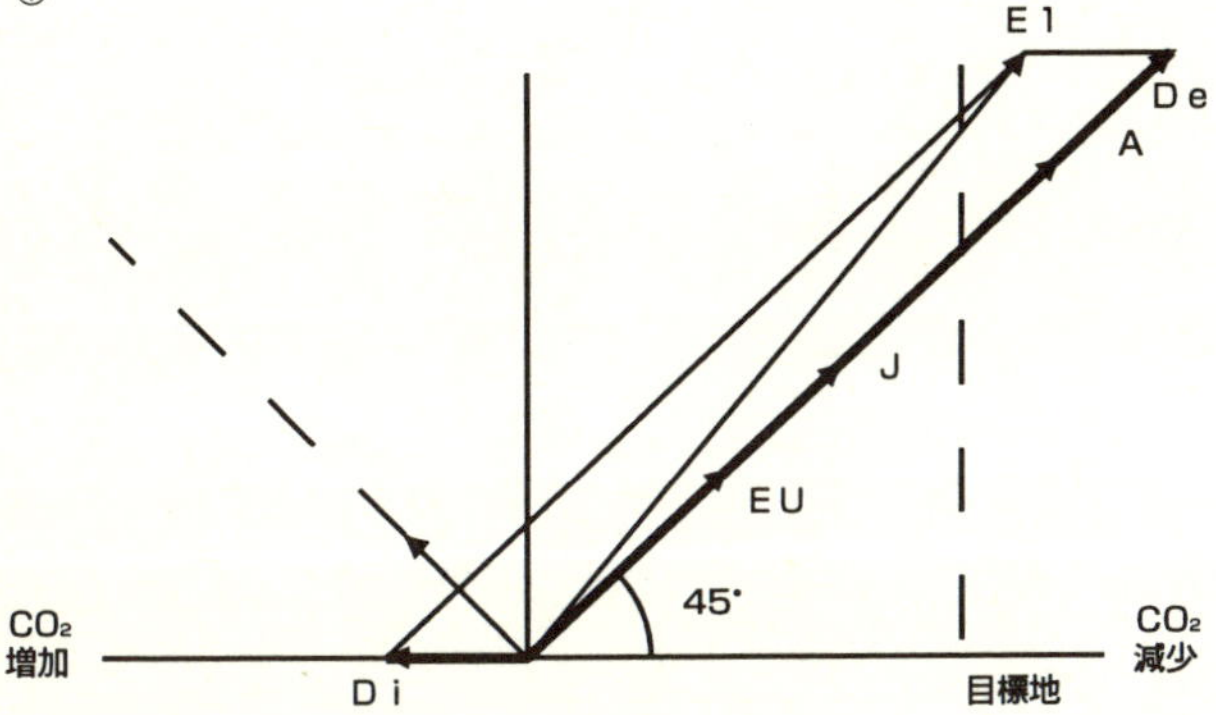

②

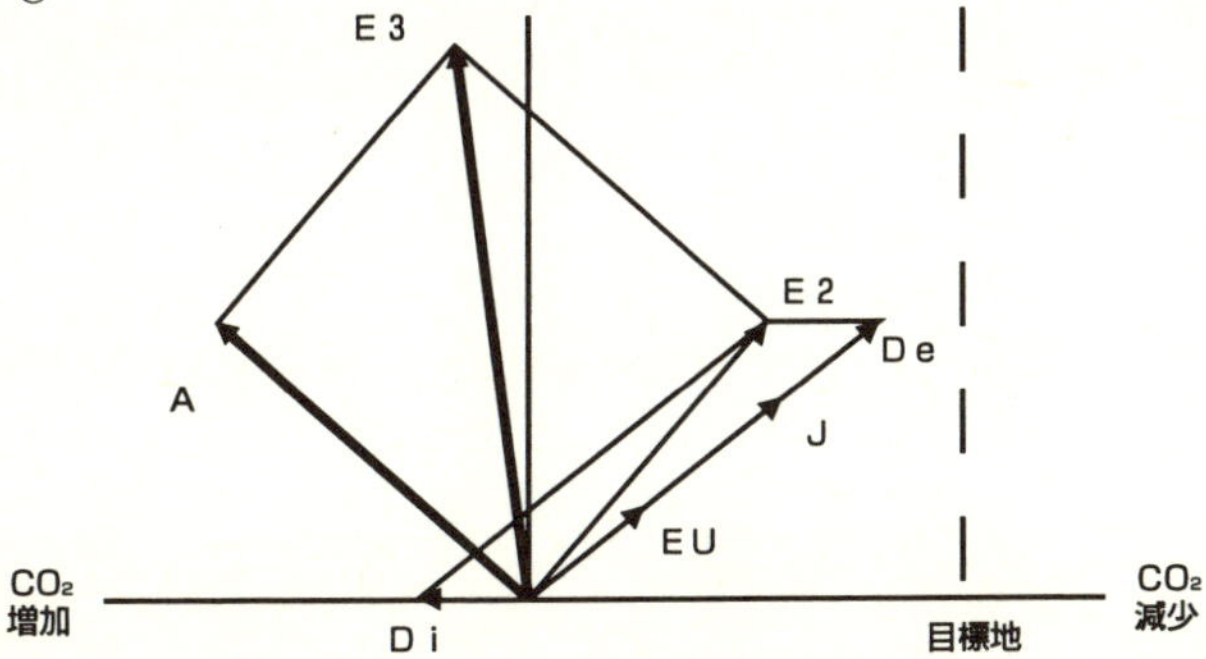

A　合衆国
J　日本
EU　欧州
Di　発展途上国
De　合衆国、日本、欧州以外の先進国

一定の条件に従えば、排出枠の過不足分を売買してもよい。これが京都議定書である。

しかし、この排出枠契約に問題はないのか。所謂、自己代理である。自分と自分とが契約する。代理人が権利を濫用して本人の利益を害する恐れがある。代理人である現代の世代が自己の利益を優先し、未来世代の利益が犠牲になる。

では、この権利の濫用を防ぎ、未来の世代の利益を守るには、どうすればよいか。それは現代の世代の人間が自己の利益を犠牲にしても、他人である未来の世代の利益となるよう行動する〔倫理〕がなければならない。自己のみの利益を追求すれば、公共の利益が自ずと促進するという神の見えざる手は、環境問題では機能しない。

環境問題では、この〔倫理〕、どれほど利己心を捨てて利他的となりうるかが問われている。現代の世代が、どの程度、経済発展という犠牲を払って、環境保護〔地球温暖化防止〕という未来世代の利益をはかるのかが問われている。

では、京都議定書の批准をめぐり、各国はどの程度〔倫理〕に行動したといえるか。

図Eを見てみよう。図E①が一九九七年の京都議定書で議決された内容の大枠である。横軸は、二酸化炭素減少量を示している。原点から右方向へと距離を増せば、減少量が増加する。右横軸と自らのベクトルとで作られる角度が倫理度数となる。角度が少ないほど倫理度が高いと評価できる。自らのベクトルを右横軸へとシフトすればするほど、経済の

[図F]

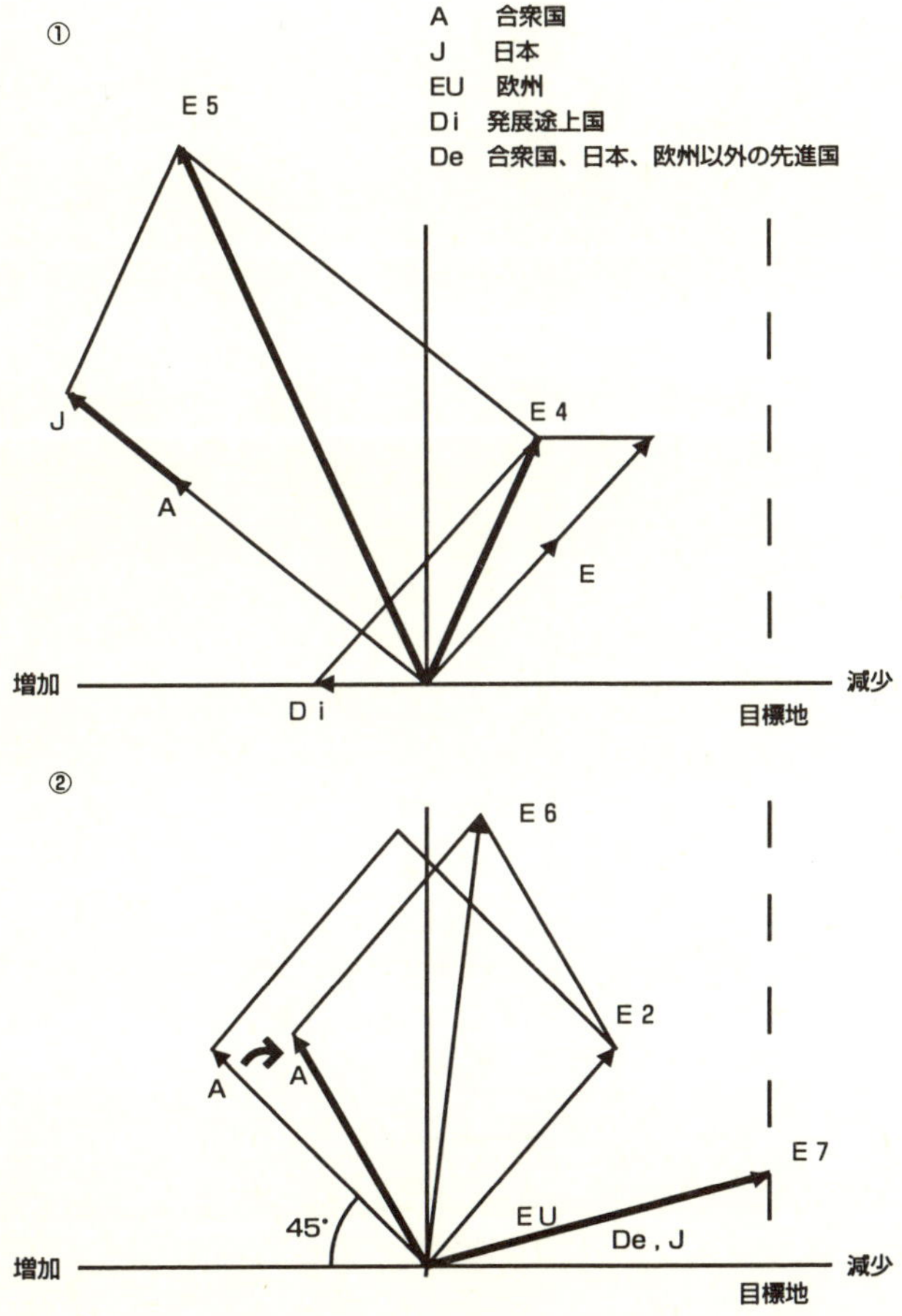
①
A 合衆国
J 日本
EU 欧州
Di 発展途上国
De 合衆国、日本、欧州以外の先進国
E 5
E 4
J
A
E
増加
減少
D i
目標地
②
E 6
E 2
A
A
E 7
45°
E U
De , J
増加
減少
目標地

発展を犠牲にし、未来の世代の環境のために努力しているということになる。この角度が〔倫理〕を量るバロメーターとなる。

倫理度数がランク九〇、つまりベクトルが縦軸上にあるときは、二酸化炭素の削減と増加が相殺しあって、ゼロとなったことを意味する。さらにベクトルを左方に傾斜するにつれて〔倫理〕に反する度合いが増す。将来の世代の利益である環境を破壊し、それを踏み台として、自己の世代の経済の発展に勤しんでいる、という評価となる。

倫理度ランク一八〇となると、減少をまったくおこなわず、ほしいままに経済的利益のみ追求し、二酸化炭素を全て大気に放出していることになる。

ベクトルの大きさは、各国が経済活動によって大気に排出する二酸化炭素の総量である。EUと日本とのベクトルの大きさは等しいものと設定した。米国はEUまたは日本の二倍とした。京都議定書に基づくベクトルの方向、すなわち倫理度数はランク四五とする（問題点を明確にするため概算ではじいている）。

図E①をみると、EU、日本、アメリカ、その他の先進諸国とで合成されたベクトルは目標値を達成している。ただし、このベクトルに対抗するベクトルがある。後進国のベクトルである。議定書の枠外にいる国である。したがって、二酸化炭素はすべて大気に排出される。倫理度はランク一八〇となる。ただ、排出量は日本の二分の一以下とする。この後進国のベクトルと、議定書の会議に参加した国のベクトルとで合成されるベクトルが、ベクトルE1となる。このベクトルE1は、目標値を越えている。

ところが、米国は京都議定書の批准を拒否している。この場合、合成された環境ベクトルは、どのように変化するのか。それを示した図がE②である。米国の環境ベクトルは、当然、反〔倫理〕的な世界にある。中心の縦軸を越え、左横軸へと傾斜している。ただ、二酸化炭素をすべて大気に放出するのではないという。そこで、倫理度をランク一四五と設定する。

まず、米国が抜けた分、倫理度四五のベクトル（EU・日本・その他の先進諸国で構成されるベクトル）の大きさは、当然小さくなる。

このベクトルと後進国のベクトルとの合成ベクトルがE2である。目標値には届かない。加えて、E2ベクトルは、中心の縦軸に接近する。倫理度九〇という反〔倫理〕的となる。危険数値に近くなっているのである。

最後に、このE2ベクトルと、米国の環境ベクトルとを合成してみよう。その結果が、E3ベクトルである。世界の環境ベクトルは、危険値、倫理度九〇を越えている。われわれは、悪魔の選択をしたと、未来の世代の地球人に熔印を押される。この道を歩んでならない。米国の傲慢を許してはならない。E3ベクトルを神の道へと導かねばならない。

世界の合成された環境ベクトルを右横軸上近くへと移行させるには、どうすればよいか。まず、あってはならない選択は、日本が悪魔、米国の忠実な僕となることである。米国に倣い日本も議定書を批准せず、欧州その他の先進国のみで、議定書に従い二酸化炭素を削減するとしたらどうなるか。結果は、一目瞭然である。

図F①に描かれたベクトルE5が、その合成された環境ベクトルである。悪魔の世界からの勲章をまた増やした。米国のみが議定書から抜けたベクトルE3より、さらに、左横軸へとシフトし倫理度のランクを下げている。悪徳弁護士、現代の世代の地球人〔米国〕は、なにも知らぬ依頼人、未来の世代の地球人を狡猾に騙し、依頼人の命をも詐取し忠実な犬〔日本〕と儲けを貪ることになる。

反〔倫理〕的な結果を回避するにはどうすればよいか。三つの戦略がある。

ひとつは、米国のベクトルを左横軸から縦軸へと近づけるよう米国の譲歩を促すという戦略である。問題は米国がどの程度譲歩するかである。倫理度ランク九〇近くまで妥協することに成功したとする。合成ベクトルは、E6となる。悪魔の世界からは脱出できた。しかし、神への道ではない。京都議定書の目標値には達していない。地球温暖化を促進することに変わらない。五十年後の未来の人は助かったかもしれない。しかし、数百年後には、地球は沸騰点に達し爆発するかもしれない。われわれには、自らの経済的利益を犠牲にしながら、遭遇することなき悠か未来の地球人の生命を守る、という意志があるのか。それを実行できるのか。そこが、今、問われている。

二つは、米国を説得して京都議定書の批准へと連れ戻す。これが理想である。これを実現するには、欧州と日本が結束しなければならない。日本は米国の甘い誘いに揺らいではならない。不況で苦しんでいる最中、景気回復への足掛かりとなりうる儲け話は魅力的である。しかし、それは、die Schlangeの誘いである。狡猾なサーパントに騙されてはならない。蛇に欺かれ善悪を知る木から実＝経済的利益を取って食べること、それは神の命令＝将来の地球人の命を守る、に背くことになる。われわれは生みの苦しみ（地球温暖化を増し、地は呪われる（大洪水）。日本は、欧州・国際世論を味方につけ、米国の議定書批准に向け果断に怯むことなく行動せねばならない。人間の尊厳のための行動を。

三つが、米国を除いた全ての先進国が、自ら、議定書に勝る犠牲を負う。ベクトルＥ７である。ベクトルの量が足りぬ以上、倫理度ランク四五を越えてレベルアップをはかるのである。確かに、神は微笑であろう。しかし、相当の犠牲を強いられる。産業界は、神の微笑を選択するのか。現在の地球人が、産業界を説得し新たな道（環境産業促進）を切り開くのか。

日本は、上の第二、第三の戦略を目標として行動する。ただ、我々は、残念ながら私利私欲から逃れようにも逃れられない。甘い誘惑に乗りやすい弱き人間である。倫理のみに頼る自主規制には限界がある。現実的な対応も必要となる。

交渉の過程では、米国の声、議定書は中・長期的技術開発を阻害する等にも耳を傾ける必要がある。各国の自主的取り組みと併せて、経済的措置をも導入していく。たとえば、炭素税、燃費に応じて自動車税を課すといった経済的刺激、さらには CO_2、Futures trading として先物市場に加える等は、環境と産業との両立をはかることができる有効な手段となりうる。

自主的取り組みと経済的措置との二兎を逐う、すなわち、環境に貢献することが自己の経済的利益ともなるという政策を考案し実現する。その際、重点のおきどころを環境と経済とのどちらに据えるべきか、短期対策と長期対策とに分け、柔軟に対応することも望まれる。ただし、Schlangeの誘いには決して乗ってはならない。これは言うまでもなかろう。

近年、中国の経済成長が注目されているが、この経済発展とともに、当然、CO_2 の排出量が増大する。ならば、地球温暖化の加速化度が増す。中国にも排出量の抑制を求めていかねばならない。ところが、経済発展の妨げになるとして、真実をねじ曲げ、虚偽のデータを公表しているにすぎないという疑いがもたれている。あのspitの問題（公共施設に唾を吐き散らす）も含め、中国は環境問題については疎いように思われる。資本主義には、自由競争以外、公正というルールもあるということ、この自由と公正とをいかに均衡させていくかが資本主義社会のイロハであるということ、これらにつき、日本自身も反省しつつ、中国とともに学んでいく必要がある。

日本は、天秤（産業の発展と環境とのバランス）と、剣（人間の尊厳を踏み躙る傲慢な振る舞いには毅然たる態度をとる。自己の儲けという犠牲を払っても、将来の世代に生きる人の命を守る）を両手に持った、目隠ししたヤーパン、Tugent（徳）とWohltätigkeit（慈悲）を兼ね備えたDie Gerechtigkeit、正義の女神たらねばならない。

第三類型（仲介外交）

十九、二十世紀初めと、欧州列強諸国は対外膨張政策をとり、アフリカを分割し植民地とした。現在のアフリカ民族紛争の諸悪の根源は、ここに求められる。

現在、欧米諸国は、この過去の過ちを清算すべく、アフリカ諸国に謝罪をする。問題は、その後である。謝罪後の賠償問題である。互いが当事者である。双方の利害が衝突する。

この紛争は、どのような手段を使えば、平和的に解決できるのか。当事者間の交渉で紛争が平和的に解決すれば問題ない。問題は、当事者間の外交交渉が不調に終わったときである。第三者の手を借りる必要がある。この介入は、二通りに大別できる。裁判とそれ以外による方法である。前者の決定には、当事者は服従する義務があるが、他方、後者では、勧告的効力しか持たない。しかし、非法律的紛争は裁判から除外され、後者の方法を選択せざるをえない。現在、社会の変動に合わせて法を合理的に改変しうる立法機関が存在していないからである。本問題は政治的紛争、すなわち非法律的争いである。よって裁判による解決は適さない。

それでは本問題は、どのような裁判以外の解決手段が適切であるか。

第一に、周旋、仲介により政治的妥協へと導き、第二に、妥協が困難であるなら、国際機関による審査、調停、さらに国際連合により処理すべきである。

では、だれが仲裁者となるのか。当然、利害関係のない第三者である。かつては、大国の政治的影響力を背景としてなされた。かつてのインド・パキスタンとの紛争では、旧ソ連の首相が斡旋（タシケント会談）し、紛争が解決された。とすれば、本問題の解決も、大国、米、ロシア、または中国に委ねるべきなのか。しかし、本問題の仲裁者として最も適切な国は、右の大国ではない。それは日本である。その根拠は三つある。

第一に、仲裁者は、どちらにも与しない利害関係のない国でなければならない。旧ソ連は、戦後のアフリカ民族紛争に深く関与してきた。適任者としてはふさわしくない。米国もかつての奴隷貿易の当事者であり、国内でも黒人対白人という問題で、ＷＡＳＰ等、今もなお人種差別が跡を絶たない。そもそも、今回の謝罪とは、白人優位黒人蔑視のもと、欧州列強が黒人を搾取してきた過去を清算する、という内容なのである。

第二に、日本が仲介することで、同時に同種の他の問題も解決できるという波及効果が期待される。すなわち、アジア諸国に対する日米の謝罪賠償問題については、今度は欧州諸国が仲裁者となる。この二つの仲裁外交を同時に並行して進めることで、世界の関心が賠償問題に集中し、国際世論に従った妥協点へと導かれるからである。中国・韓国、アフリカが必要以上に不当な賠償請求をすることもなく、他方、謝罪と賠償は別とする日本、欧州の態度に国際世論が批判したなら、日本、欧州も納得して賠償を支払うものと予測する。そんな中、先例が形成され、賠償問題の国際的慣習法も自ずと成立することになる。

第三に、仲裁者は、妥協へと導くことを得意とする国でなければならない。この点、日本は、一刀両断的な解決は不得手とするが、しかし自ら譲歩し、そして相手の譲歩を誘い、互いに妥協することに優れている。日本の裁判では、和解による解決が大半を占める。

このようにして、日本が仲介者となって、欧州とアフリカとの仲介外交を進める。もちろん仲介者は、両当事者が信頼をおく第三者たらねばならない。国連を中心舞台とし、日本がどの程度、これまで国際貢献してきたか、そして今も継続しているかが、最大の仲裁者となりうる審査基準となろう。

第三幕

第三幕、憲法改正である。

1、ここは、大和の多武峰である。東の都から、西の都へと、一睡もすることなく夜通し歩を進める。その途中の地が、ここである。しかし、改新劇の役者には疲れはみられない。なにやら振動を感じる。揺れている。地がびしびしと音をたてる。一山鳴動する。

見上げれば、天は黒い。地の響きが、闇の鼓膜にも届く。鼓膜の刺激に覚醒した闇は、唸りをあげる。闇は今にも割れそうである。罅(ひび)割れかけた闇の隙間から、零れるものがある。それを人は、光と呼ぶ。光とは、希望ともいう。しかし、その線は細い。切れそうである。

罅(ひび)の隙間から零れた黄金色の繊細な糸は、すぐ近くにある神社にへと垂れている。その社は談山神社という。光輝という糸の端は、社の白き障子と茶の柱の間(あい)を抜け、壁に書かれた大織冠という文字に辿りつく。糸の端から放たれる輝きは、眩しく、中臣鎌子という字(あざな)に反射する。

談山神社を後にした一行は、今、京都御所にいる。時は、西暦二〇〇X年八月十五日、寺の鐘が六つ、朝明けの空の海に響き、時を刻む。御苑の地の一面に敷かれた銀の堅き絨毯は、柔らかな東からの陽の訪問に喜悦の声を上げる。この声を西下から耳にした、本殿を厳しく囲繞する銀の瓦葺も、東空から昇る訪問者に微笑む。銀の瓦葺の横、輝く銀の絨毯の上には、背に陽を浴びた常緑の高木が広く生い茂り、節操深く、天からのお告げを待つ。

この松と同じく、改新劇の役者も、信念を持って待つ。昨日の解散総選挙の結果はまだ出ない。投票箱の盗難が相次ぎ再投票したからだという。

東の都ではなく西の都に、なぜ改新劇の役者は集結したのか。それは、後にわかる。八つの時を寺の鐘が刻んだ頃、灰色が青と赤を遮断し、冬の日暮時のごとく西の都は黒ずむ。韓国大統領、北朝鮮、中国の書記長が、関西空港に到着し京都に向かう。

短針と長針との開きを六〇度にした頃、突然、豪雨が京の町を襲う。京都御苑で歴史に残る瞬間を確信し待つ役者は、風雨にも微動だにせず、松を見つめる。京都での四国会談に反対する極右によるテロが大阪、難波の駅で発生したが、幸い、各国首脳は危害を被らなかったという報道を耳にする。

寺の静かな鐘と、それに重なるように教会の高らかなベルが、美しき調和和音で正午の時を知らせた頃、雨はやみ、雲は消え、消滅した雲の後から南中の恒星が誇るように松に光を浴びせ、常緑の高木は、薄青黒の東山にかかる水の匂いのする七色の架橋を熟視する。その時、嵐に怯え隠れていた鳩の一群が、陽の光に照らされながら、松と役者の斜め前方の空を切り、俳優の、虹が描かれている瞳に、白く輝く斜線を引く。

どこからともなく、ラジオの音がする。口調は平静ではない。NHKニュースと微かな声は聞こえるが、いつもの低く落ち着いたとは異なる興奮気味の声に、自らの耳を疑う。惨敗、という声を鼓膜に聞いた役者もいる。ラジオの主なる青い目の観光客へ、われを忘れ相当の数のX党員が押し寄せる。ラジオから出る改新という声を耳に捉えたX党員は、震えがとまらない。そうだ、日本の改新、第二の大化の改新だ、だれしも確信する。歓めいた声が出そうになるのをぐっと堪える者もいる。あの蘇我入鹿誅殺場面のごとく永田町族のドンの首が飛ぶ姿を描く者もいる。ラジオからの声は、こう振動している。

「X党の歴史的勝利です。衆議院議員の半数を超える議席数を獲得しました。一方、自民党は、百議席を割りました。橋本派、森派は半減です」

2、この勝利はある程度予想された結果でもあった。確かに、二〇〇一年の今頃は、だれ一人としてこのような事態になるとは予測しなかった。しかし、思えば、一桁の支持率の森政権から八割の支持率へ回復した小泉政権の誕生も、だれも予期していなかった。

反動ということばがある。二〇〇一年の今頃、日本国民は熱くなりすぎていた。それは、森政権への反動でもあった。期待が高まった。なにかやってくれると誰しも期待した。既得権にしがみつく永田族に立ち向かい改革を進める若武者・小泉氏は勇敢でもあった。特殊法人解体、地方へのばらまき行政廃止、日本は立ち直るという兆しも出てきた。法案審議も進んだ。日本が良くなるなら、大好きな小泉さんのためなら、少々の〔痛み〕ぐらい我慢しよう、そんな気運さえ国民の意識の中に広がりはじめた。しかし、その〔痛み〕がどのようなものか、九月に入っても明らかではなかった。

二〇〇一年九月十一日（火）、歴史的な大惨事が勃発する。このとき以降、世界の株価が暴落する。失業の恐怖が襲う。テロの脅威に日本中は怯える。一体これからなにか起こるのか、日本国民の多くは、不安な日々を過ごす。

しかし、相も変わらず、小泉首相の人気は衰えず、写真集まで登場し売り上げを伸ばす。国民の多くは、痛みがどんなものか深く考えてみようともせず、いや、想像した結果の悲惨な姿に愕然となる自分を恐れるかのごとく、半ば意識的に思考を中断しているように思われた。と同時に、小泉さんなら何かやってくれるという漠然とした期待、私には痛みは無関係という傍観者の意識、これらが日本列島に拡散しているとも見えた。

改革の痛みは、年も迫るころにやってきた。盲腸程度の入院ならと、我慢を美徳とする日本人の多くはそう思った。しかし、痛み、それは、ひどかった。耐えられなかった。痛みとは、ガン、である。早期発見が遅れて、死へと導かれる民の数は、冬が深まるにつれ増えていった。とりわけ、弱者の痛みは、見るに耐えないものがあった。日本人の中高年者の失業とはどんなものなのか、竹中氏にはわからなかった。終身雇用体制に慣れ、ならされた中高年者が、突然ゴミくずのように使い捨てにされる。ＩＴ社会への構造改革というが、労働者の流動が盛んで、それが体制に組み込まれている欧米社会とは異なる。少なくとも、転職に体がなじむほどの猶予期間があれば、なんとかとも思う。それが、突然である。だから、訓練のための施設を多く設けた、と小泉さんはいう。しかし、いくら訓練を受けても、その訓練を生かせる場がなければ、新しい働き口がなければ、われわれは飢える。失業手当というが、これでは、子供は養えない。満足な教育を受けさせてもやれない。

そしてなによりもつらいことは、一家の大黒柱が職なくさ迷うことの屈辱、挫折感である。私にも、誇りがある。日本の技術の発展、経済成長に大きく貢献してきた、と自負している。近所の噂ぐらい別に何とも思わない。しかし、子供がだれかに「お父さんのお仕事は？」と聞かれて、「しつぎょうちゅう」と答えるときの、私ばかりではない妻、子供のつらい〔気持ち〕を、あなたは理解できるか。あなたは、特攻隊に涙しても、ホームレスには同情しないであろう。お前の努力が足りなかったんだと、ホームレスにすぎないと。転職できなかったのは、公正・公平な競争をして、その結果、他人よりも優れた能力を養成できなかった証しだ、自由競争の敗者は潔く去れ、というだろう。去れといわれて、どこに去るのか。それは、墓場か。

競争社会というが、競争するには、当然公正な競争でなければならない。しかし、日本社会には、その公正はない。たとえていうなら、あなたは知っているか、楕円のトラックを一周する陸上競技八百メートルで使われる、あのセパレートコースを。当然、直線だけの百メートル競技のように、横一線に並んでスタートするわけにはいかない。曲線部分があるからである。横一直線で揃って、八百メートルの競争をすれば、当然、いちばん外側のコースを走る者が損をする。だからこそ、八百メートル競争のスタート地点には、差が設けられている。外側を走る者は、最初は内側の者より、早い地点でスタートしても、その分いずれ曲線部分で、内側の者より多く走らなければならない。ハンディでもなんでもない。公正、公平な八百メートルの自由競争をするためには、当然なければならないものなのである。

あなたは、八百メートル競争で、いちばん外側を走る国民も含めすべての国民を同じスタートラインから走らせた。それをあなたは自由競争という。既得権者は内側を常に走ることができるよう、既得権者、強者に、特別の配慮をし、抜け穴を温存し、さらにまた、新しい抜け穴を多くこしらえる。

私は努力したというかもしれない。では、なぜ、公正でないとわかったとき、それを隠す。レースの途中で、それを教えてくれたら、私は、その競争から降り、他の市場（外国）で競争したであろう。しかし、不利な競争とわかっていても、レースから降りることができない人もたくさんいる。だからこそ、その公正な競争ができるように、構造改革をするのである。

あなたは、そこで自分の利害損得をしたたかに計算した。ここで、種が明かされたら構造改革どころか、私の人気、政治生命にも傷が入る。ごまかし通すしかない。

所詮、外側を走る者は、弱者だ。この者らに犠牲になってもらうほかはない。考えてみれば、少数の強者が多数の弱者を支配することこそ、政治ではないか。私は、大衆の気持ちをうまく誘導し、強者優位・弱者切り捨ての社会をこしらえる。これこそ、真の構造改革だ。これが、痛みだ。ホームレス、外国人など、なんら日本の力にはならない。これも彼らに定められた運命である。ただ、これらの者も、戦争になれば、特攻隊として国のためにはなろう。少数の選民、強者が支配する国家こそ、真なる国家なのだ。

私には、心の中で、そうあなたが誇っているのではないか、とさえ疑う。既得権が有利となるような抜け穴だらけの日本の社会を、同じ既得権者の枠組みの中にいて、あなたは、本当に構造改革ができると考えていたのか。あなたは、それには限界があることは百も承知のはずだ。自らは、悪者に立ち向かう勇者というイメージをこしらえるためにも、とにかく懸命に努力しているポーズはとっておこう。ただ、構造改革の具体的内容、だれが痛みを負うのか、先にいってしまうとボロが出る。曖昧がいい。いざというときは、自由に軌道修正できるように、具体案は先送りにしよう。そして、悪に対し懸命の努力をしたとイメージができあがれば、たとえ、構造改革ができなくても、私の政治家としての評価に傷はつかないだろう。それよりも、派閥に抵抗しすぎれば、私の政治生命までも危うくなる。うまく弱者をだまし通し、ほとほどに既得権にも手をつけたという筋がいい。この役は、同胞の自民党にも、あらかじめ根回ししておこう。

もちろん、あなたは、神ではない。われわれが熱くなりすぎ、同じ族の枠内にいるあなたに過剰な期待をかけすぎたという面は反省している。しかし、なぜ、われわれがあなたに熱くなったか、考えてほしい。あなたは、われわれに、夢をあたえてくれ、それを実現してくれる、と期待したからである。あなたの言葉を信じたからである。しかし、妥協をはかり党内をおさめようとするあまり、肝腎なところにメスを入れることはできなかった。

むしろそれを黙認した。この罪は大きい。

さらに、最後まで痛みの内容をあなたは語らなかった。物質で痛みを癒すことが困難なら、心で、または、心を慰めてくれる芸術文化の推進で、なぜ助けてくれなかった。あなたは、個人では芸術に多く触れ、そのすばらしさをよく心得ているはずである。ところが、芸術など高尚なものは、裕福な者が味わえば十分だ。ホームレスに、外国人に、モーツァルトを聞かせて何がわかる。無駄な投資だ。私には、あなたが心でそう思っているように思えてならない。

あなたは、歴史に禍根を残す最も大きな失政をしでかした。それは、いうまでもなく外交である。アジアに背を向け、米国の良き僕となる、その外交に国民の多数は、当初、異を唱えなかった。むしろ、少なくない日本人の心の根に張りついているアジア人蔑視と、波長が合っていた。ラルフローレンの衣を纏い、野球のボールをブッシュ大統領に投げるあなたの姿に、恋い憧れた日本女性もたくさんいた。あなたは、日本人の気持ちを理解し、その気持ちに従って行動することは、実に優れている。しかし、日本人の気持ちが世界の人々、地球人の気持ち、いや、心、スピリットではない。日本人の気持ちで、靖国に首相として参拝すれば、これこそ誇らしき日本人と拍手喝采を送る日本人も少なくない。

しかし、これは、地球に住むアジアの人のみならず、地球に住む欧米人の心、スピリットではない。これに対して、白人の有色人種に対する虐待、搾取は、われわれの上をいくではないか、あのえげつない肉食動物たるイギリス人の草食動物インド人に対する植民地政策、阿片戦争などあげればきりがない。同情など弱いところを見せたら相手に付け込まれる。過去は過去である。さらに、勝利は民族の誇りと、憤慨する人もいよう。

しかし、あなたは単なる私人ではない、国民の代表者である。国民を代表して、あの狂的な戦争、アジア侵略の精神的支柱となった国家神道を代表する社、A級戦犯の奉られている靖国に終戦記念日に行くと公言する愚行をおかした。永田町からも批判があったが、しかし、一度公言したことを外国の圧力に屈してやめれば、国益そのものも損なわれる。自ら墓穴を掘り、ディレンマに陥った。

併せ、二〇〇一年九月の爆弾テロに対する外交は極めて拙かった。まず、出だしで出遅れ、テロ撲滅への戦いを世界にアピールできなかった。その後、war、crusade（十字軍）というレトリックで、憤慨する米国民の愛国心を駆り立てたブッシュ氏に媚びるかのように、アミテージ氏の今度はvisible forms of participation（目にみえる貢献）という言葉に焦り、いや、その言葉を巧みに利用し、安保条約4条で義務づけられている事前協議もなく、インド洋で米軍の後方支援を矢継ぎ早に展開し、憲法が禁じる集団的自衛権を行使する。

あなたは、良き米国の僕であった。しかし、米国に対する宥和外交から、三つの傷を残した。

一つが、顔のない主体性のない日本と世界に印象づけ、日本国の誇りを傷つけたこと。二つが、十字軍の一員として、テロ＝イスラムに戦いを挑むというイメージを、穏健なイスラム教徒に与え、イスラム諸国との友好、信頼関係にヒビを入れてしまったということ。三つが、米国の最も忠実な犬には、jihad（聖戦）をと、日本をテロリズムの標的としてしまったということ。この三つの傷である。この傷は深い。

さらに、外務大臣の人事に失敗をした。緒方貞子氏を迎えることができずに、資質に欠ける人物を外務大臣とした。彼女に振り回され、二、三流の国家と世界に印象づけた。

われわれは、たとえ肉が絶えようとも、愛する日本の地に魂は残す。今、はじまりつつある改新劇が、邪悪な悪魔の精神を宿す肉の餌食とならないように、見守っていく。

小泉さん、物乞いと罵られた肉から抜け出した魂は、絶えず、美しきものを追い求めていること、それを忘れないでほしい。

3、灼熱の恒星からの陽光は、勝ち誇るように輝きを増す。歓喜した南風は、松樹の梢に放浪し、その緑の艶と針の勢いが衰えぬようにと、長寿を祝う。嵐の頃、暴雷に怯えて泣いていたキジバトの、涙で濡れた純白の衣は、熱を帯びた日の光が拭い取る。

中国、北朝鮮、韓国、日本の代表者が、ここ御苑の内裏、清涼殿に顔を揃える。

二〇〇一年三月、X党党首が日本国民、そして世界の人々に公約したことを、今、この終戦記念の日に指名、任命後内閣総理大臣となる改新劇の主役は、実現しようとしている。日本国民、世界の人々には、ラジオで、この模様が伝えられる。

どこから聞こえてくるのか、あのイムジン河を奏でる、むせび泣くようなバイオリンの響きが心地よく鼓膜を擽る。軽やかで優雅な小澤氏の指揮の下あのジョン・チャヌ氏が演奏しているという。水鳥が、朝鮮半島の南北を飛び交い、日本海を渡り、今、この京の都、御所に辿りつく。

この訪問を歓迎するかのごとく、常御殿の鳩の柱時計から、二つ甘い声がさえずる。この甘い二つの振動が、緊張した空を漂流し、清涼殿へと響く。

党首の乾いた唇から、〔戦争責任〕という言葉がほとばしる。用意した原稿を持つ手は震え、堪えようともこらえようのない涙で溢れる。涙眼から澄んだ水玉が零れ、落ちた水玉は弾ける。この聞こえないはずの弾ける音をラジオの内耳の蝸牛管が受容する。

その落涙の音は、朝鮮半島に眠る強制労働者、慰安婦、そして南京に眠る敗残兵の掃討で殺戮された市民、白骨と化した屍の霊府へと、送り届けられる。するとその落涙の名宛人である屍から光が放たれる。この朝鮮半島、南京からの霊光は、京の都のここ御苑に茂る松樹と、白き衣を纏った平和を想起させる生けるものへと、返答する。

涙に濡れたX党党首＝首相は、あたかも霊媒であるかのごとく、窓の外に感じる霊光に、〔謝罪〕ということばを震える声で囁く。

さ迷える霊光は、自らがゆく場所をやっと探し得たかのように、銀の絨毯の上でじっと様子を見守る山鳩と泪の接吻を交わし、悠か彼方の恒星から放たれる光に逆流しつつ天へと旅立っていく。

中国、韓国、北朝鮮の首脳は、その後、先を争うかのように、広島、長崎、沖縄へと足を運ぶ。これは予定にはなかった。三人のだれが誘うともない突然の決定であった。歴史的な第一歩である。決断であった。国民の反応は、二つに分かれる。誉め讃える国民と、侮蔑の言葉を浴びせる国民である。後者で過激な者の中には、X党の本部に銃弾を放つ者もいる。爆破宣言をする者もいる。

日本は今、緊迫した空気に覆われている。これから何が起こるのか。

4、秋は、清明である。代理の藤壺には、赤い草木が増え、そこから秋の香りが漂う。その香りの隙間からは、蟋蟀の秋声が零れる。その物悲しげな響きに誘われるかのように、淡紅の秋桜と白い秋桜が、互いを求め合う。あたかも、秋鹿が笛に寄るように。けれども、恋する二輪は、不意の秋雨に襲われ、そして息絶える。

どうやら、秋入梅のようである。このため、白き生けるものが纏った純白の衣も汚れ、その輝きを失いそうになる。淋しく物悲しくもなる。身勝手に振る舞う黒い衣を纏ったあの鳥を見ていると、いっそのこと、この純白の衣を脱ぎ捨ててしまうほうが身軽かとも思う。けれども、そんなとき白鳩は、風雨にも微動だにしない常緑樹、神がいつか自らに天降ることを、待つ、松に、励まされる。そして、白き生けるものは、改めて自らの使命をも認識し、頼れる松とともに、白き衣の輝きがきらきらと美しく輝く時を、まつ。

八月十五日、謝罪後、内閣が編成される。画期的な人事編成がなされる。官房長官は、実は、X党議員ではない。かつて永田町族の派閥に属していた自民党議員である。この自民党議員の力がなければ、政権交代はあり得なかったともいわれる。

さらに、新制の最高顧問には、国際的に高く評価されている専門家が起用される。当然、緒方氏、明石氏（国連）、毛利氏、向井氏（宇宙開発）、安藤氏（建築）、利根川氏、野依氏、白川氏（科学・技術）、小澤氏、海老沢氏、梯（かけはし）（音楽）は、この一員に入る。

日本の公式年号は、大化に始まる。近年は、天皇陛下が崩御されて初めて年号が変っている。しかし、これは憲法ではなく元号法で定められたものである。むしろ、天皇親政の原理と不可分のものとして採用された一世一元制、しかも、法律ではなく政令により定められる元号制は、国民主権を基礎とする憲法と抵触する。

われわれは、元号制を採用した最初の年、六四五年に戻らねばならない。大化と号した以降、改元は代始めだけではなく、大変めでたいときにもなされ、天皇一代の間に数回改元されるのが通常であった。

元号法一・二項は改正する。一世数元制も認め、元号は法律で定める、と改正する。この新元号法により、改新劇を記念して、この年の年号は平成から〔　　〕へと改められる。〔　　〕という元号名は、国民からの応募に基づき定められる。

小泉政権の政治改革は完全に失敗に終る。構造改革も中途半端である。土建国家の体制は変わらない。構造改革も、いわゆる族議員の命懸けの反対に会い、挫折する。

痛み、これがいちばん凄まじい。失業率は六パーセントを超え、修正失業率は約一二パーセントと（失業した後、もはや就職はできないとあきらめ、求職活動をしていない人々は、統計上、本来の失業率には入っていない。しかし、欧米のように、失業しても、一カ月以内によりよい条件で多くの者が再就職できるという、流動を前提にした社会とは異なり、終身雇用に支えられた日本社会では、この就職活動をあきらめた人々の数は極めて多い。この就職をあきらめた人々を加えた修正失業率は、実際には、本来の失業率の二倍になるとされる)、先進国中上位にある。

中高年層の再就職は、とりわけ厳しい。仮に就職できても、四十五歳~四十九歳の再就職先の給与の平均は、約十八万~二十四・五万円（この世代の平均給与三十六万円）である。中小企業が倒産すれば、退職金も出ない。当然、この皺寄せは進学を控えた子供が負う。学費が払えず、中退する学生の数が増大する。

若年層をパートタイムで使い尽くす企業も増えている。彼らには、厚生年金、退職金もない。国民年金さえ資金が捻出できない。

かくのごとき状況から、失業からの中高年の自殺が激増する。団塊の世代は辛抱強いといわれるが、しかし、敗者復活戦のない、失敗の許されない競争社会で失敗すれば、失業=墓場というほどの精神的ショック、挫折、絶望感を嘗める。

絶望の先には、死しか見えない。

当然のごとく、大黒柱の挫折は、家族崩壊に至る。離婚、子供の非行（凶悪犯罪）は、後を絶たない。終戦直後さながらの状況である。まさに、chaosである。

所得格差が広がり、社会は二極化している。もちろん、小泉政権の思惑どおりである。生まれついたときから、すでに人生の勝負がついている。

学校は、公立と私学に二極化する。前者は、所得の低い層で構成される。後者は、富裕者層である。前者から一流といわれる大学に行くことは以前にも増して困難となっている。他方、後者は中高一貫教育で、公立の二倍、主要科目（英、数、国語）に授業時間数を割いている。スポーツ、芸術、すべてにおいて、私学の教育のほうが充実している。それに反し、前者は、ゆとりという美名で真実をベールに包んでいる。公立の授業は、早すぎる子には遅すぎ、遅すぎる子には早すぎるのである。微温湯の授業は、子供に不幸な結果となる。抜本的な教育改革が必要である。

われわれX党は、次のように改革する。

公立も中高一貫教育にし、能力別クラスとする。もちろん、クラスは学期ごとのテストに応じて、クラスが編成される。切磋琢磨し、鎬を削り、各人が能力をきそいあう。その際、敗者復活の機会は設けられている。極めて流動的なのである。

さらに、日本の場合、将来設定の選択が狭すぎる。夢がないのである。官僚になるためにつくられたシステム内で、成績が伸びず思い悩みわずらうが、しかし、彼には類い稀なる音楽の素質がある。もちろん、音大はある。しかし、才能を開花させるには、時期がある。この機会にめぐりあえる確率は、日本では極めて小さい。少数の英才教育を受けた者のみが特権を手にする。この競争は公正ではない。芸術の需要を高め芸術で食べていける環境も整えなければならない。幸い、国民は心の潤いを求めている。今がチャンスであろう。小規模では駄目である。かなり思い切った芸術文化事業に着手せねばならない。

さらに、外交がもたつき、国力がかなり落ちている。このままでは、日本はG7からはずされ二流国家へとに凋落する。知に誘導されない、感情にまかせた外交のツケが今出ている。

二〇〇一年九月十一日の同時テロに対する英・米軍報復後、世界は、さらなるジハードに萎縮する。ここでわれわれは、テロに戦々兢々し動揺してはならない。テロの思う壺である。細菌爆弾（smallpox〔天然痘〕、anthrax〔炭疽病〕）によるテロに対して、万全の準備〔ワクチン、抗生物質〕、警戒を怠ってはならない。それが、テロ行為を阻止する予防となりうる。

とはいえ、東南アジアに潜伏する確信犯が、インクペンの先にsmallpoxを詰め込み、やすやすと税関を通過し、テーマパークで自爆テロをはかる。これは、防ぎようもない。ワクチンにも限りがある。二十世紀、一億二千万もの命を奪った天然痘は、二十年ほどの眠りから目を覚まし猛威をふるう。疫病は、火災の際の烈火のごとく、瞬く間に蔓延する。日本はパニック陥る。

併せて、かつて傍観者であった日本人の多くは、憤激し、その矛先をテロリストのみならず、穏健なmuslim（日本在住約十万人）に向ける。コーランの破棄にとどまらず、たおやかなイスラム教徒の身体に危険が迫る。米国の例を引くまでもない。

われわれの敵は、テロリストである。イスラムではない。貧者イスラム教徒の中には怒りの矢を富者米国に向け、過激な活動をおこなう者もいるが、しかし、イスラム＝テロリストではない。自国の専制支配から言論の自由を奪われ、宗教に怒り・救い・慰めを求めざるを得ない多数の穏健なイスラム教徒と、リベラルデモクラシーの敵・人間の尊厳を踏み躙る過激派とを、明確に区別しなければならない。

ところが、世界の情勢は、今、時々刻々と、Crusade vs Muslimへと向かいつつある。アフガン民間人に死傷者が多数出たことが引き金となり、パキスタン、マレーシア、インドネシア、フィリピンのイスラム教徒らが、jihardと、十字軍に戦いを挑もうともする。

これを受けた米国の保守派は、次なる攻撃はイラク、東アジアだと、さらには、ラディンがアッラーのためだと開発を進める細菌爆弾に対しては、小型の核兵器が適切とする声が、あの湾岸戦争のときよりも勢いを増しつつある。ラディンの思惑どおりの筋書が展開しつつある。

このような現状下、われわれX党は何をすべきなのか。

日本は世界の中の日本たらねばならない。その世界、地球とは、北のみの半球ではない。南半球も含まれる青き美しき球である。この青き美しき惑星を、細菌爆弾と核兵器との終りなき報復の応酬から救わねばならない。それには、以下三つの過程を経る必要がある。

第一。平和を愛する多数のイスラム教徒と過激な原理主義者とは異なるということ、これを強く国民にアピールせねばならない。メディアを通じ、X党と日本のイスラム協会とがスクラムを組み、両者の敵テロリストと戦う、というイメージを国民の目に焼き付ける。

ただし、この記者会見では、ラディン氏に肩入れする発言（同時テロの加害者だとする確固たる証拠はない等）は、避けねばならない。でなければ、日本が現実にテロの被害者となったとき、そのとき、激怒の矢はX党に放たれるからである。穏健なイスラム教徒を装った過激派の戦略に欺かれた、X党はその戦略の加勢をしたと、冷静な判断の困難な感情的にならざるをえない被害者、それに同情する多数の日本人は、そのように感じ、突発的な過激な行動に出るからである。

それゆえ、記者会見の前にイスラム協会と十二分に連絡をとり、彼らの譲歩を引き出すことが重要となる。とりわけ、パキスタンのイスラム教徒は、同胞タリバン人に深い同情を寄せている。旧ソ連軍の侵攻により平和が撹乱され、難民が生じ、飢餓へと追いやられた。だがタリバン人がその平和撹乱者と戦い、旧ソ連軍撤退へと導いた、西洋のリベラルデモクラシーとは離れる政権だが、とにかく自国に平和が訪れ民衆は感謝している。

加えて、旧ソ連軍撤退後の米国の裏切りは許せない。自国の世界戦略（サウジアラビア、聖域メッカに軍事基地を設置）を重視し、旱魃で飢え死に絶えるアフガンの子供らの現状を熟知しているにもかかわらず、軽視し続けた。タリバン人は残虐、非道（麻薬密売）というのは、むしろ、西側が作り上げた虚像にすぎない。このように確信している穏健なイスラム教徒も少なくない。

われわれX党は、このような米国を敵視する穏健なイスラム教徒の人たちを、過激な原理主義者となりうる予備軍と、烙印を押してはならない。われわれは、パースペクティブに行動せねばならない。先見の明こそ、今求められている。後進国は、歴史上、大国のエゴにより虐げられた。今も決して過去完了形ではない。だからこそ、九月十一日に始まる歴史的悲劇を招いた。このようなアジア、中東、アフリカ諸国の歩んだ歴史、現状への理解、そしてこの南北問題、パレスチナ問題への解決への努力、これなくしては、テロの根絶はありえない。長期的な戦略が不可欠となる。

そのテロの根絶への重要なる第一歩が、日本在住のタリバン人に同情する人をも含めたイスラム教徒への理解である。この理解の下、イスラム教徒（パキスタン）との信頼回復をはかりつつ、彼らの譲歩を引き出す。テロに対してX党と一体となり、戦うことを誓い、日本国民一般に表明することが、むしろ穏健なイスラム教徒自身にも利益となると、彼らの譲歩を促し、説得しなければならない。

英国のブレア首相は、二〇〇一年九月十一日の同時テロ後、一方においてテロに対する憤りを世界のメディアにいち早く訴え、欧米諸国の国民の支持・信頼を勝ち得、他方において、自国の穏健なイスラム教徒と団結し、さらには、アラファト議長にもsympathyを示し、ともにスクラムを組みテロと戦うとメディアに訴え、穏健なイスラム教徒の人権に配慮した。そして、過去の過ち（チャンバリン首相の宥和外交がファシズムを助長した）を轍として、〔アメ〕にとどまらず、米軍と一体となり報復攻撃をするという〔鞭〕を打つ。このアメと鞭による戦略は奏功し、英国民の支持率は二〇パーセント近く上昇し、約七〇パーセントとなる。正義の女神の右手には、鋭い剣があることを忘れてはならない。この剣なくして、テロを封じ込めることはできない。

第二。正義の女神の右手には剣がある。しかし、これのみでは、女神を装う傲慢な悪魔となる。正義の女神の左手には、天秤がある。

今、日本は、米国の圧力に押され、主体性のない過剰な後方支援を展開しようとしている。正義・公正を量る尺度となる天秤が、大きく米国寄りへシフトしつつある。この天秤を均衡状態へと調整しなければ、一時テロとの戦いをともに誓いあった穏健イスラム教徒の多くは、米国と同類の裏切者と日本を見なし、われわれのもとを離れラディン側にへつく。南北問題、パレスチナ問題は永遠に解決されず。最悪のシナリオへと向かう。

テロへの根絶を世界のメディアに訴えることに出遅れた小泉政権は、show the flagの〔外圧〕に、焦り半ば屈するような形で、半ば利用しつつ米国の注文に忠実に従い、〔常識〕という言葉で、憲法の枠を踏み越え、自衛隊の米軍後方支援を矢継ぎ早に展開する。挙句の果てにイージス艦を戦闘地域と近接したインド洋に派遣しろとの米政府幹部の〔外圧〕に屈し、いやこの外圧を格好の梃子として、政策決定を下す。

たしかに、敗戦国ドイツも含め欧米諸国が、集団的自衛権の行使として米軍の攻撃に参加し、さらには、ロシアも軍事協力をしよう（内国の紛争を制圧しようという目論見もあるが）というその最中、日本が戦闘地域近くでの医療活動を実践することは武力行使にあたり違憲といっていては、個人の尊厳を踏み躙るテロに対する国際協力活動の足手纏いとなる。唯一の被爆国だからこそ戦争放棄という他の国には絶えてその例がない条文を設けた。それを守る使命がある、といって錦の御旗を掲げることで、〔世界で不名誉な地位を築く〕〔さらなるテロの危険阻止には、世界が一体となり抑制された武力行使が不可避なのに、勇敢にテロと戦う他国の兵士を見殺しにしつつ、一国平和主義を誇らしげに語る偽善者となる〕という前文に反する皮肉な結果を招くことになる。

昭和二十一年当時には、大きすぎると思えた服だが、今は成長し体に馴染んできた。ところが、腕の部分は、その当時注目を浴びた最先端の〔スリム〕型であったが、けれども現在、体の成長に合わせ腕も大きくなり、その結果あちこち破れ、そのたびに継ぎ接ぎを施すが、もはや限界に達している。腕を削ることは生死にかかわる（十分な国際貢献ができず、国益が損なわれ、世界から孤立する、大国およびテロリストの餌食となる）以上、今や、腕の大きさにフィットする服を新調すべきときがやってきた。解釈で憲法を操作する限界値に達した。むしろ、無理な解釈が、最高法規としての威光の輝きを失わせ、sein（現実）が、sollen（規範）をいともたやすく乗り越え、法の支配は人の支配と成り果て、ひいては、際限なき報復戦争に巻き込まれ、個人の尊厳・生命は脆くも塵と化す。

X党は、個人の尊厳は保持しつつも、世界の中の日本とは永遠になりえぬ障害物、憲法第九条二項改正に向け、一刻も早く議論を進めなければならない。

要するに、X党がなすべき国際貢献、テロ撲滅運動とは、日本が自国の意思と判断のも

恐縮ですが
切手を貼っ
てお出しく
ださい

1 6 0 - 0 0 2 2

東京都新宿区
新宿 1－10－1

（株） 文芸社

ご愛読者カード係行

書　名				
お買上 書店名	都道 府県　　市区 郡　　書店			
ふりがな お名前		明治 大正 昭和　年生　歳		
ふりがな ご住所	□□□-□□□□		性別 男・女	
お電話 番　号	（ブックサービスの際、必要）	ご職業		

お買い求めの動機
1. 書店店頭で見て　2. 小社の目録を見て　3. 人にすすめられて
4. 新聞広告、雑誌記事、書評を見て（新聞、雑誌名　　　　）

上の質問に 1. と答えられた方の直接的な動機
1. タイトルにひかれた　2. 著者　3. 目次　4. カバーデザイン　5. 帯　6. その他

ご講読新聞　　新聞	ご講読雑誌

文芸社の本をお買い求めいただきありがとうございます。
この愛読者カードは今後の小社出版の企画およびイベント等の資料として役立たせていただきます。

本書についてのご意見、ご感想をお聞かせ下さい。

① 内容について

② カバー、タイトル、編集について

今後、出版する上でとりあげてほしいテーマを挙げて下さい。

最近読んでおもしろかった本をお聞かせ下さい。

お客様の研究成果やお考えを出版してみたいというお気持ちはありますか。

ある　　ない　　内容・テーマ（　　　　　　　　）

「ある」場合、小社の担当者から出版のご案内が必要ですか。

希望する　　希望しない

ご協力ありがとうございました。

〈ブックサービスのご案内〉

小社では、書籍の直接販売を料金着払いの宅急便サービスにて承っております。ご購入希望がございましたら下の欄に書名と冊数をお書きの上ご返送下さい。（送料１回380円）

ご注文書名	冊数	ご注文書名	冊数
	冊		冊
	冊		冊

と、主体的に実践するものでなければならない。小泉政権のごとく、米国の外圧に押され際限なき武力行使を展開することは、十字軍（西側）対イスラムという最悪の事態の一役を担うことになる。講和条約から半世紀経た今、米軍が守ってくれるとの甘えが、むしろ日本、世界の悲劇となるということに、われわれは気づき始めている。一人立ちする時がやってきた。自国は自国で守る。世界のどこかで弱者が助けを求めているなら、日本は日本自らの意思で、救いの手を差し伸べる。日米安保を改正し、段階的に在日米軍の完全撤退を進めるときがやってきた。

では、二〇〇一年十月のテロ特措法案に関する野党の対応は、どう評価されるべきか。野党民主党は、一時、政権予備党を意識するあまり、抵抗野党の視点をおそれるあまり、自民党に歩み寄りすぎたのでないのか。国会の事前承認と引き換えに自民党の特措法案を承認するという取り引きをおこなおうとするが、これは、どのように評価するべきか。

たしかに、政治的には、十分な権限を政権に与え、のちに、不当な権限の行使に対しては政治的な追及をすればよい、政府の行きすぎの危険より、むしろ不作為の危険こそ、国民の生命、安全への最大の脅威となる、という主張は傾聴に値する。ならば、自衛隊の警備活動範囲は限定すべきではなく、自衛隊には武器輸送弾薬の輸送をも認めるべきともいえよう。十分な準備、強硬な姿勢が、テロリストを孤立させることに成功した面もあること、これは否定できないであろう。となれば、X党の歩み寄りは、結果的には妥当であったともいえる。

しかしながら、テロとの戦いは始まりにすぎない。短期的には、無限定の強硬な姿勢が奏功したかもしれないが、しかし一時的なものにすぎない。タリバン政権は崩壊したが、テロは消滅していない。アフガンには、いまだ、平和は訪れてはいない。加えて、さらなる報復が待ち受けている。今回の法案によれば、極めて政情の不安定なパキスタン（政権=米国支持、民間人=タリバン支持）に、日本の判断ではなく、米国の決定に従って自衛隊が派遣される。併せ、イージス艦のインド洋派遣も米国の決定に従い実行しようとする。日本=米国、米国のイエスマンという印象が際立ち、パキスタンのみならず、マレーシア、インドネシア、フィリピンを日本の敵とする危険が増す。イスラム穏健派を含めたイスラムは行き場を失い、さらに過激な行動に走るイスラム教徒の数は増える。

これでは、日本は、世界の中の日本とはなりえない。北半球の中の日本、いや日米同盟の中での日本にすぎなくなる。

したがって、野党の歩み寄りは誤りと結論づけられる。そして、国民は民主党を次のようにみなす。やはり自民党に取り込まれた民主党だった、政権予備党は、まさに与党の予備、おまけにすぎず、政権党にはなりえない、とみなす。民主党支持者を含め、主権者たる国民は、歯がゆい苛立ちを憶え、こう吐き捨てる。

安全保障以外で自民党との違いを浮き彫りにすればよいとの意見もあるようだが、しかし、小泉政権の生命線、日米同盟に切り込まない限り、民主党政権の誕生はあり得ない。テロの報復に日々怯える日本国民は、今まさに日米同盟はこのままでいいのか、と考えはじめている。この不安な状態を脱却したいとの思いは、失業の不安にも勝るとも劣らず、強いものなのである。

そして、あってはならないが、日本がテロの標的とされたとき、このいらだち不安は顕在化し爆発する。その際、拡散されるエネルギーが、罪のない、か弱きイスラム教徒に集中する事態は避けねばならない。この国民の憤慨の対象が、穏健なイスラムではなく、テロリストのジハードを招く最大の原因をつくった米国に追従する忠犬＝小泉政権とならねばならない。

新法に反対できないという強迫観念、暗雲が漂うこと、それは民主党のみならず日本国民の悲劇となる。国民の多くは、変わること、政権の交代により他の先進国並みに夢が抱ける社会の誕生を待ち望んでいる。

しかし、いつも期待は裏切られる。なぜか。それは、失敗、政権の分裂を恐れるがあまり、弱気な行動が先行し、相手に隙を与えてしまうからである。ときには、若さの張るagressiveな、また、大久保利通のような冷徹さも必要である。改革には多大なるエネルギーを要する。従来のような糊塗的な主張では、一騎当千の敵を倒すことは不可能である。乾坤一擲なる戦術こそ、今の野党に求められている。

テロの根絶に向けて、日本在住のイスラム教徒と協同戦線を張り、大衆にそれをアピールするという第一ステップ後、次に実践すべき第二ステップ（行きすぎた制裁に歯止めをかける）、それは、日米安保の改正を目標としつつ、米国以外との国との交渉をはかるという戦術である。イスラム諸国（サウジアラビア、パキスタン、インドネシア、エジプト）との交渉を、自民党（米国のテロ制裁の協力要請）とは異なる視点（国連を中心舞台として紛争解決をはかる。そのために、米国・イスラム諸国両者の妥協を引き出す）で進めることはもちろんだが、その交渉と同時並行して、ある大国と交渉する。

その大国とは、中国である。九月十一日の同時テロ以前は、遠くない将来、米国と肩を並べる大国となる中国と米国との関係は、ミサイル防衛の配備から緊張していた。しかし、九月十一日を境に、中国もテロに対して、米国をはじめとする西側とともに戦う姿勢を見せている。米国には、これを機に、中国との友好関係の回復をはかろうという目論見もあるようである。ただし、隣国の政情の不安を懸念する中国は、米国の過剰な制裁には反対する。さらに、米国のテロとの戦いの名の下に、米国の世界戦略に取り込まれてはならないとの懸念もある。

それに反して、中国とアラブ諸国との関係は、米国、旧ソ連のような不信に満ちた邪悪な関係は見られない。そこで、米国の過剰な制裁（小型の核兵器の使用、イラクなどのイスラム諸国を第二の攻撃目標とする）を阻止すべく、日本が中国と協力しつつ、一方では、テロに対する協同戦線を張り、他方では、イスラム諸国の歴史的事情に理解を示し、テロ根絶のための最大のネックとなる南北問題（貧困、難民）、パレスチナ問題の解決に向け交渉する。

すなわち、日本は中国と協調し、米国中心の制裁から、国連を舞台に紛争の解決をはかるという方向にへと、米国とイスラム諸国の譲歩、妥協を引き出す。これが、中国・日本協同の仲裁外交の筋書きである。この仲裁外交の担い手は、もちろん、靖国問題での禍根をいまだ背負っている小泉政権ではない。まさしく、X党、戦争責任への謝罪を実現したX党こそ、適任である。短期的、場当たりな戦略に走る自民党とは異なる、長期的、巨視的な外交戦略を示してこそ、日本国民は支持し、さらには、テロの根絶に貢献でき、世界で名誉ある地位が築ける。

第三、正義の女神の左手が持つbalanceは、X党が中国と歩調を併せ、仲裁外交を展開すれば、米国寄りの傾斜から均衡状態に戻すことができる。だが、いまだ不安定である。米国、中国をはじめとする大国は、自国の国益を重視する。他方、自国の専制支配に自由が抑圧され貧困に喘ぐイスラム諸国は、依然として、救いを神に、責任を富者米国に、帰する。

当然、自己の利害関係を、自らの目で公正に判断することはできない。正義の女神の目には、目隠しがある。公正な判断、中立者・第三者の目での客観的判断が是非とも必要となってくる。この第三者とは、いうまでもなく国連である。本来、国連憲章51条によれば、各国の集団的自衛権の行使は、国連に引き継ぐまでの一時的なものにすぎない。ときに過剰となり濫用される自衛権を制限するために、国連憲章51条が設けられている。日米安全保障条約五条但書にも明記されている。

ところが、現実には、紛争の当事者たる米国が、国連による紛争解決の最高機関、安全保障理事会の理事国である。51条は画餅と化す。

たしかに、51条では、安全保障理事会による措置のみ記されてはいるが、しかし、〔平和のための結集〕決議に基づいて、総会が〔国際の平和及び安全〕の維持に必要な措置をとる場合も含まれると解釈すべきである。そして、この解釈が現実に運用されるよう、X党は、アナン氏とともにアフリカ諸国等の途上国との連携をはかりつつ、総会の権限強化に向け戦略を練り直し、熟慮断行する。

もっとも、これには、時間を要する。このアフガンへの攻撃があった今このときに、是非ともやらねばならないことがある。この〔戦争〕で、数十年もの旱魃で飢えに苦しむアフガンの住民の手には、国連の救援物資が届いていない。毛布をミルクを、穀物を、野菜を、薬品を、ワクチンを、そして医者、看護婦を、一刻も早く罪なき〔戦争〕犠牲者の下に届けなければならない。タリバン政権崩壊後の国づくり支援せねばならぬX党の出番である。現実に、日本の自衛隊が救いの主となれるよう柔軟な法案を、時機を逸せず成立させ、迅速果断に行動しなければならない。

物事には、seasonがある。しかし、小泉政権はいつもout of season（時宜を得ない）であった。今こそX党は、in seasonな、主体的な、国際貢献に着手せねばならない。

5、党員は、今また京都御所の前に佇んでいる。翌年に国民に明らかにする新政の根本方針の内容を詰めるためである。

経済面では争いはない。問題は、外交に絡む国防をどうするか、という問題である。憲法を改正するかどうかという問題である。憲法は、果たしては不磨の大典なのか。

議論を整理しよう。三段階に分ける。

第一に、改正に限界があるのか。

第二に、改正に限界あるなら、憲法九条も範疇にはいるのか。

第三に、第九条を改正できるなら、どのように改正すべきか、である。


第一。改正に限界はあるのか。

この点、憲法規範には、上下の価値の序列は認められないとする見解がある。これによれば、国民主権は絶対的であるので、どのような内容の改正も可能となる。

しかし、憲法には価値序列がみられる。憲法の核、個人の尊厳の原理、これが日本国憲法の最高の価値である。日本国民全体＝天皇＝神への畏敬から、個人の尊厳と変革したのである。したがって、個人の尊厳（憲法十三条）は改正できない。これを変えることは、改正ではなく新たな憲法の制定、全体主義への復帰となる。

第一に、この個人の尊厳の思想を受けて、憲法制定権力者＝国民は憲法を定める。主権者は、天皇から国民に代わる。ただし、ポツダム革命により主権が変ったのでない。これでは、占領軍の圧力に屈して主権の変更を押しつけられたという結果になる。ポツダム宣言受諾後も明治憲法秩序は存続している。しかし、天皇御自身が、この宣言を履行する趣旨、つまり、天皇陛下自らが主権を天皇から国民へと変更することを望み、明治憲法の改正案を帝国議会に提出された。自らを主権者のまま存続させたならば、権力者は必ずや我を政治的に利用し、愛する国民を虐げると慮ってくださったのである。

その後、天皇が提出した国民主権を求める改正案が、帝国議会で審議される。この審議の過程で、主権者たる国民の意思、日本国憲法を制定しようという国民の意思が、帝国議会を通じて、あらわになる。

すなわち、天皇陛下が、主権者はわれわれ国民だと言ってくださっている。天皇の御配慮に感謝し、われわれ国民がこれから国をどうしていくか決めようではないか。それには、われわれ自身で〔日本国憲法〕をつくる必要がある。

このような国民の意思が議会を通じて顕現する。その際、明治憲法七十三条に定められた手続きの形式が借用される。

憲法九十六条によると、憲法を改正するには、国会による発議だけでは足りず、必ず国民投票により国民の過半数の賛成を得えなければならない。この国民投票こそ、国民主権（全体ではなく、一人一人が尊いという個人の尊厳の思想を内に有する）が憲法内に制度化されたものである。国の在り方を最終的に決定する、すなわち憲法を改正するのは、国会ではなく国民である。したがって、国民投票を改正のための絶対的条件とする憲法改正の手続（第九十六条）は改正できない。

第二に、個人の尊厳原理に支えられているもの、それは、人権、人は生まれながらにして自由・平等であるという自由の原理である。この人権（自由の原理）は、国民主権（民主の原理）と、不可分に結合し共存する。

したがって、憲法制定権力者＝国民、人権（近代憲法の本質、根本規範）を改変することはできない。もっとも、根本原則（個人の尊厳）が維持されているなら、人権規定の補正は許される。

以上、憲法改正には、法的な限界がある。それは、個人の尊厳という根本原理であり、それに支えられている国民主権と人権である。

憲法前文は、こう定めている。

「人権と国民主権は人類不変の原理である。これに反する一切の憲法、法令、詔勅を排除する」

単なる政治的希望ではない。

以上、憲法には限界があり、個人の尊厳は憲法の核、これに触れることはできぬ、この点についてはＸ党内は一致している。

では、第二に、平和主義、憲法第九条は、個人の尊厳原理に支えられており、改正は許されないことになるのか。いよいよ、聖域に入ろうとしている。

秋蟬が松樹に憩いの場を見つけると、突然、歓喜の声をあげる。この不意の声に、白き生けるものは、驚き怯える。白い群れは、逃げるように、いつも自らを匿ってくれる頼れる常緑樹の下へと、舞い上がろうとする。不器用な足取りで、とことこと、銀の絨毯の滑走路を走る。加速度をつけ飛行しようとするが、怯えからか、どうもうまくいかない。背後に鋭い目の敵の視線をも感じる。この抵抗しない群れを襲おうと虎視眈々とその機会を見計らっている鷲鷹目が、松の陰で待ち構えている。

舞台左で演じる役者は、斯かる純白の白鳩を見て、強烈に平和を感得、想起する。舞台左で演じる役者は獰猛な鷹の目と、小心者のか弱き白き生けるものとの、対照が目につくが、とともに、この生けるものが纏っている純白の衣に美しさを感得し、やはり、平和を意識する。

国際平和の原理、これも、改正の範囲外にある。国内で、リベラルデモクラシー（個人の尊厳に基づき人権と国民主義を全うする）による政治がおこなわれていても、国外の全体主義に屈してしまえば、国民の人権は、言論にとどまらず生命までも失う。したがって、憲法第九条一項を改正することは、個人の尊厳を否定することであり許されない。

この点についても、舞台右端に陣取るX党員も含め、争いはない。

問題は、憲法第九条二項である。

「前項の目的を達するため、陸海空軍その他の戦力は保持しない」と定められている。この〔戦力〕とは何か、これが問題となる。

第一に、独立国家なら当然有する権利、自衛権は、憲法上、放棄されていない。急迫不正の侵害があったとき、自国を守るために必要な実力を行使する権利である。必要性、緊急性、均衡性という三要件を満たさねばならない。

第二に、憲法で持ってはならないとされている〔戦力〕とは何か。

この点、旧政府（自民党）は、近代戦争遂行能力に役立つ程度の装備・編成を備えたもの、他国に侵略的脅威を与える攻撃的武器とする。したがって、近代戦争遂行能力までは兼ね備えていない〔実力部隊〕は、憲法が禁じる〔戦力〕ではないことになる。警察力と戦力との中間の、どちらにも属さない実力部隊、という概念を設定する。実に巧妙な論理操作である。実力部隊とは、ときどきの外国の状況に応じて変わることになる。しかし、これでは、憲法の規範性はなきに等しい。権力を濫用する政治を、憲法で統制していく。権力者のつくる法律でもってしても、憲法に反することはできない。国民が定めた憲法、個人の尊厳を核とする憲法は、最高法規だからである。その最高法規が、政治権力者の横暴で、法律と同位、劣位なものとなる。憲法の威厳、光彩は衰える。

思うに、〔戦力〕とは、軍隊、すなわち外国に対して国土を防衛することを目的とするものである。この外国に対して国土を防衛するにふさわしい内容(人員、編成方法、装備訓練、予算等)を持った実力部隊が、まさに憲法が禁じる〔戦力〕である。

したがって、現在の憲法の解釈に従えば、国内の治安の維持、確保を目的とする警察力のみ行使できる。

では、具体的にはどの程度の自衛権が認められることになるのか。外国交渉による侵害の予備回避、警察力による侵害の排除、民衆が武器をもって対抗する群民蜂起までに限られる。

以上の解釈から現在の自衛隊は、警察力を超えた〔戦力〕となる。

第三に、では現在の自衛隊をどうすべきか。方法は三つある。

ひとつが、近代戦争能力をいまだ兼ね備えてはいない自衛隊は、憲法の禁じる〔戦力〕ではない、実力部隊にすぎないか、外国の状況に応じて自衛隊は保持増強勢力されるとする。旧政府（自民）の解釈である。この解釈は憲法の規範性を損なう解釈である。解釈の枠を超える。

二つが、自衛隊とは、警察力を超える軍隊である、だから警察力程度までに軍備の縮小をはかるべき、とする。

三つが、自衛隊は、警察力を超える〔戦力〕である。自衛隊は、現行憲法では違憲となる。しかし、均衡外交、さらには十二分な国際貢献を活躍するには、警察力では不十分である。そのために、憲法第九条二項そのものを改正すべきである。

ここでは、左右に陣取る役者は対立する。これは、国内事情だけ眺めていても問題は解決しない。今後、日本は、世界の中でどういう立場をとるべきかにかかってくる。

それは、すでに第二幕で展開された。われわれ日本は、世界の日本でなければならない。日本は、国際平和のために、宇宙船地球号の船長として舵をとらねばならない。舵取りができるだけの国際社会の信頼、国際貢献、血による貢献がなければならない。

それには、米国に追随する外交であってはならない。ひとりよがりな態度をとった場合、米国を説き伏せるだけの力、パワーがなければならない。安保の枠内にいたのでは、世界の中の日本とはなりえない。安保に基づき行動することは、今後ますます、米国の世界戦略に誘導される危険性は高い。

今が、在日米軍の完全撤退を段階的に進める潮時である。時を逃がしてはならぬ。この撤退とあわせて勢力均衡外交を果断に進める。大国中国、その他の共産圏と米国とのパワーを均衡させることができるだけの防衛力を維持する。

それが、世界のパワーのバランスが崩れ、軍拡、戦争への道を回避する歯止めとなる。他面、存日米軍撤廃が、防衛の負担を全て背負い込む沖縄への配慮であり、また、自己、家族の命は自ら自身で守るという誇りでもある。靖国にいく誇りではない。

では、日本は、自国の自衛力で、どの程度までの国際貢献をすべきなのか。国連軍への参加が問題となる。

国連軍は二つある。一つは、国連憲章四十三条に基づく正規の国連軍であり、今ひとつは、紛争地域の平和維持活動をおこなう国連の軍隊である。前者は、戦闘、武力行使を目的とする。ただ、いまだ組織されたことはない。後者は、武力の行使を伴う平和維持軍（PKF）と、武力行使を伴わないことが原則とされる停戦監視団がある。

一九九二年、PKO協力法が成立し、武力行使を目的としない限り、現行の憲法でも、PKFに参加できるとした。

しかし、武力行使を伴うか否かは、事前に決めることは難しい。PKFという国際組織に入って、日本のみ自衛のために必要な最小限度の武器のみ使用することは可能か。ここで、もう一度、日本は国連軍でどの程度の貢献をすべきか考えねばならない。

民族紛争が発生した。しかし、当事国では停戦の合意はない。一九九二年のPKO法では、この場合、自衛隊をPKO部隊に派遣できない。しかし、状況は、強姦、子供の虐待、民家の焼き討ちと熾烈を極めている。だれかが助けなければならない。日本以外の他国から派遣された兵士の活躍で多数の民間人が救出される。しかし、勇敢な兵士は殉職する。日本は、こう言う。「平和憲法があるから日本の協力には限界がある。その分、われわれは、金で協力しよう。言論で平和運動もしよう。ペンは剣より強し」と。

この日本の姿を国際社会はどのように評価するか。

命は尊い。だからこそ、自らの命を投げ捨てて、か弱き子供を救う姿は美しい。それは、ちょうど、自爆も覚悟の暴力団の抗争で住民が不安と怯えの日々を送っているとき、自らの命を犠牲にして体当たりで抗争を終わらせ殉職した警察官と同じであろう。天皇、国家のためと自爆した特攻隊とは違う。殉職で救われたのは権力者ではなく、抵抗できない市民である。まさしく命を掛けて、愛する自分の妻子を守る主人といえよう。

そこで問われているのは、民族紛争で傷つく子供たちを、自分の命と引き換えに救おうとする意志、覚悟があるか、それを現実に実行できるかである。犠牲は大きい。勇敢なる行為に名誉を与えても、その兵士はもうすでに土に眠っている。むしろ、ここで最も利益を得るのは、殉職者を派遣した国家である。世界は、この命を掛け国際貢献をとげた兵士を派遣した国家を誉め讃え名誉を与える。墓地に眠る者に与えられたものは、ただ、幼き者を救って貢献できたという自ら感じる存在感、正義感である。

しかし、戦地では使命感と正義感に燃え、自らが誇らしく思えても、それは戦闘前後の一時にすぎない。いよいよ勲章を与え、勇敢な行為の名誉を讃え、敬意を払おうというときには、すでに、その殉職した兵士の肉は絶えている。魂がその名誉を受けることになる。

国際貢献という美名に隠れたこの事実は、否定できない。死で国家に貢献したことは事実である。それによって、国家の国際評価は高められ、国益となったことも事実である。

これだけみれば殉職した者の犠牲はあまりに大きい。真実が理解できず突発的に戦場に行ったことを、墓の中から後悔しているかもしれない。

しかし、国家の利益となった以外に、もう一つ素晴らしい貢献をした。それは、世界平和に大きく貢献してくれたことである。この勇敢な派遣兵士の協力がなければ、民族紛争の犠牲者は倍増するであろう。紛争があり、弱き者が救いを求めているのなら、だれかが救わなければならない。この役割なくして、世界から信頼される国際貢献はありえない。

ただし、個人の犠牲のもと、国家が、本来、殉職した勇者が受けてしかるべき名誉、尊敬を、代わって受け取るという事実は、受け止めねばならない。

以上により、日本は、武力行使を伴う平和維持軍に参加できるだけの自衛力を保持し、さらには、正規の国連軍にも参加できるだけの力もつける必要がある。ただし、この場合、朝鮮戦争時に組織された多国籍軍、または湾岸戦争や今回のテロ報復の際、編成された米軍中心の軍事行動でもって、武力行使を伴う国際貢献を実行するのではなく、むしろ正規の国連軍への参加の中で、紛争解決を実践すべきである。自衛権の濫用の阻止、客観性・中立・公正のためであることは、いまさらいうまでもない。

多国籍軍による紛争処理は、大国の利害が絡んでいる。ゆえに、一方に与すればバランスが崩れる危険がある。このことは、二〇〇一年九月十一日に始まる、際限なき報復戦争で、われわれは身をもって学んでいる。

各国の国益の抵触が絡む場では、〔柔〕に基づく外交、勢力均衡外交に徹し、他方、武力行使に頼らざるえない〔剛〕に基づく外交は、国連での国際貢献に限定される。

このような〔柔〕にとどまらず、〔剛〕に基づく外交が十二分に展開できるように、憲法第九条二項を改正し、その内容が明確に記されなければならない。この憲法の精神を受けて、この抽象的とならざるをえない憲法の文言の具体的内容が、日米安全保障条約、テロ措置法等に、具体的に盛り込まれることになる。

在日米軍の撤退後は、日本人自らが、自身で国を守ることになる。ならばその人員をどう組織すべきか問題となる。徴兵制の問題である。

十二分な国際貢献するをするためにも、徴兵義務を憲法に定める必要がある。兵役とは、国民の自律的義務である。市民的および政治的権利に関する国際規約（日本は一九九七年批准）は兵役は強制労働に含まれないと明記されている。主権国家なら当たり前のことである。現に、同じ敗戦国ドイツでも採用されている。

ただし、良心的兵役拒否には、十分配慮しなければならない。憲法第十九条は、個人の尊厳の思想に支えられた規定であり、改正は許されないからである。個人の思想の自由に反して徴兵を強制できない。したがって、徴兵の代わりに、ボランティア活動を義務づける必要もある。

世界の中の日本を目指すX党議員は、国際貢献につき議論を重ね、憲法改正という結論に行き着く。もちろん、反対者もいる。国民に説くときも、国際貢献の明と暗を十分説明する必要がある。先程、極左により、東京のX党の事務所が放火される。

エピローグ

新年の旦(あした)、待ちかねたように、朝の日の光が、きらきらと輝く声で、大気に漂う氷晶、路上で寛ぐ氷片と、挨拶を交わす。

輝くLichtは、霜の花で飾られた、窓ガラスを通り越し、乳のような瑞々しい肌を持つ、すぐれて美なる女(をみな)の眼(まなこ)を擽る。すると、陽の光に心地よい刺激を憶えた黒き瞳子(ひとみ)が、真珠の如く赫ひながら、目を覚ます。

嫋やかなか細い指先がガラス窓を開くと、日の光が室の四隅に満ちあふれ、とともに、雪の冷気もさらさらと部屋に流れる。陽光を浴びた女(をみな)の長い黒髪は、眩しく神秘的に美しく耀く。

この黒き瞳と黒き髪を天から授かった瓜実顔の柔らかな目鼻をそなえた大和撫子は、日の光の燈火に誘われるかのように、しなやかに窓の外をのぞく。

右手(めて)には、雪の花が雪兎と戯れるかのように、雪明の街を舞い踊っている。左手(ゆんで)には、注連縄(しめなわ)の上に屯する白き花弁が、あたかも鷺のように、ひらひらと神垂の間(あい)を括りぬけ舞い落ちる。

この様子を門松は、じっと眺めている。何かを待つように。

二〇〇X年〔　〕二年、賀正の式を終えた後、新制の根本方針が発表される。

〔　〕の改新の詔

二年正月、賀正の礼おはる。即ち改新の詔を宣ふ。

其の一に曰く、構造改革と景気対策を同時に進める。

前者は、不良債権の処理、無駄な公共事業、特殊法人の廃止、地方へのばらまき行政から地方に財源を移転である。

後者は、①前倒しの公共事業の促進（a完全個室の介護施設の整備＝相部屋希望者にも配慮、b教育・環境産業＝スウェーデンの成功を模範とする、c芸術・文化事業の推進＝フランスと並ぶ芸術大国を目標）②失業対策（長期的な職業訓練・失業手当・生活費・格安チケットの支給）③累積債務の棚上げと抜け穴なき透明な税制改革を断行（所得税・法人税の課税ベース拡大、純資産税、地方消費税導入、国税としての消費税撤廃）という三点である。

其の二に曰く、日米安保条約を改正（在日米軍の完全撤退）する。

世界の中の日本として、国際貢献（国連軍への参加）に死力を尽くす。

其の三に曰く、自衛と国際貢献のために、憲法第九条二項を改正する。

X党党首＝首相は、安藤氏設計の野外劇場〔いのち〕の建設にあたり、自己の土地を寄付する。他のX党の議員もこれにならい、芸術事業の資金を補助すべく、給与の大幅削減を公言する。

それでもなお、厳しい冬は続く。しかし、人々の心には、希望の灯が点っている。老若男女問わず、だれもが、新しい日本の誕生に心を躍らせている。

人の人生は、二度はない。一度限りである。しかし、すべての人に、この一度の人生は与えられている。人生＝LIFE＝生命は、尊い。だからこそ、人生には、いつも夢がなければならない。X党は、万人にこの夢を与えるべく、努力しなければならない。

人生に幕をおろすとき、あるいは、〔セールスマンの死〕であったかもしれない。夢を追いかけたが、夢にはたどりつけなかったかもしれない。

しかし、その人の人生には、あの〔Die Zauberflöte　魔笛〕、魔法の笛が、tristesse allante（はつらつとした憂い・悲しみ）を誘うKlavier Violineの歌声とともに、美しく鳴り響いていなければならない。その魔法の笛が、いつか必ずや、我が夢をかなえてくれるにちがいない。だから、その夢に向かって、人生を歩んでいこう、追いかけていこう、そのような追い求めていく夢がなければならない。

魔法の笛の鳴らない、抱く夢さえもない社会は、悪霊のさ迷うDas Grab墓場である。その墓場が、バブルに酔い潰れた、自民党政権下の日本であった。

二〇〇一年の統計によると、子供の世代が自分たちの世代より幸福になると考えている日本人は、実に二〇パーセントにも満たなかった（中国・韓国八〇パーセント以上）。当然のように、社会の鏡たる子供も将来の夢をいだけず（将来の夢を持っているか、日本二九パーセント、中国九一パーセント、韓国四六パーセント）、併せ、自国への誇りも持てぬ（自国にプライドを持っているか、日本二四パーセント、中国九二パーセント、韓国七二パーセント）。日本国民は、誇り、希望、夢を喪失してしまった。だれが、この夢をうばったのか。

田中角栄から始まる土建国家が、永田町で跳梁跋扈する魑魅魍魎（族議員）が、われわれから夢を奪った。二世議員小泉氏も、この族からは漏れない。夢を与えるように思わせて見事に裏切った。


地上での人生を終えた後も、魂にまだ〔ゆめ〕が宿っていてくれたら、今度は、天での人生へ、その〔ゆめ〕持っていくことができる。われわれはみな、そう願う。

あの悲しいが溌剌としたピアノ・バイオリンの歌声とともに、Zauberflöteが、天国でも、鳴り響き続けてくれたら、と願う。


われわれが苦しいとき、いつも笑顔で励ましてくださる方がおられる。その方のご先祖は、権力者に絶えず利用され悲劇の人生を歩まれた。統帥権の独立と神格化した天皇・これを跳躍台として、あの狂気に満ちた戦争へ、権力者（軍人）は誘導していった。

天皇をことさらに神格化することに、諸悪の根源が隠されている。天智天皇が崩御され壬申の乱があった後、天皇を現人神とする見方が強くなった。これが天皇の悲劇の始まりてある。天皇を神として奉り、人民の精神を操り、権力者自らは暴利を貪る。宇和島の青年を乗せた船が沈没した報せを聞いた後も、のうのうとゴルフをやり続け、他方、国民には国体、教育勅語という言葉を繰返し、滅死奉公を説く、あの姿が思い浮かぶ。

日本はポツダム宣言を受諾する。同宣言は、日本国政府（goverment）終極の形態が、天皇陛下も含む日本国人（the Japanese people）の、自由に表明した意思（the freelyex-pressed will）と一致して樹立さるべき、とする。しかし、同宣言により、このとき、革命のごとく主権が変更したのではない。主権が変更するか否かは、the Japanese peopleの自由に表明した意思により、決せられるのである。

では、同宣言受諾後、日本国人は、主権の変更、国体の護持につき、どう捉えたのか。時の政府（美濃部博士、宮沢教授等の憲法学者も含む）は、主権は変更しない、とみる。しかし、明治憲法の改正、主権の変更を、だれよりも強く熱心に望まれた方がおられる。

それは、天皇陛下御自身である。

陛下は、御自身の御心構の資料を得させるために、近衛文麿氏、佐々木惣一博士を内大臣御用掛に仰せ付ける。この所謂聖徳玉成の補弼では、改正は必要、主権は天皇から国民に変更される、と考察し、昭和二十年十一月末、奉答される。

この内大臣府の態度に注目した政府は、これを批判するかのごとく、いわゆる松本委員会で憲法改正を審議するが、しかし、やはり、明治憲法同様、国体は護持され、天皇が統治権を総覧されるとする。この政府の憲法改正案は、一般国民に基礎を置く特別審査機関の審議に付されることもない。政府顧問の憲法学者（美濃部博士、宮沢教授）も、改正の必要はなく、その運用を適切にすれば足りるとする。

そして、昭和二十一年二月十三日、あのマッカーサー草案、主権は国民にありとする原則が政府に提示される。政府は司令部に再考を求めたが、虚しく一蹴され、主権が変更されるべきとする総司令部案に基づき、日本案が作成され、日本国憲法制定に至る。

この経緯から、押しつけられた、半ば脅し（総指令部案を受け入れなければ、極東委員会に押され、天皇の身体の保障はできない）の自主性に欠ける憲法、全面改正すべきとの声が強くなる。しかし、この声の主は、国民ではない。権力者である。

国民は、こう考える。

明治憲法七十三条に基づき、天皇の発意により、明治憲法の改正の限界を破る改正案、主権が変更するとの改正案が帝国議会に提出され、その後、国民は、この陛下の御配慮に感謝しつつ、と同時に、自らが主権者であることを強く自覚・確信し、人類普遍の原理（国民主権と人権、平和主義）が盛り込まれたマッカーサーノートを土台として、われわれ日本国民自身の手で、個人の尊厳、すなわち、国民主権及び人権を核とする〔日本国憲法〕

を制定した。このように、国民はとらえている。

決して、国体は護持されない。国体の護持を今でも望む者は、国民ではない権力者、天皇陛下の権威・威光を利用し、権力を牛耳ようとする政治家である。天皇陛下を、主権者として、統治権の総覧者として、そして神として、奉り、国体の護持を説く者らは、また も自己の権力のために天皇を利用しようとする。

われわれ国民は、われわれの愛する陛下を、強欲な政治家に渡してはならない。平和をこよなく愛し、弱者に慈しみをもって接してくださる天皇陛下、皇后、皇太子殿下、皇太子妃、そして、その方から誕生した新しい命を、善人の顔をした魑魅魍魎に渡してはならない。

天皇は、象徴、政治的権力を持たぬ象徴たらねばならない。憧れ、愛する天皇陛下が権力者に利用されないためにも。

ただ、ここにはある矛盾・緊張関係が生じる。

日本国憲法上、天皇陛下は、世襲に基づく地位にある。生まれに価値を認める身分制の原理を基礎とする。

では、われわれ日本人が、この世襲制に基づく地位を有する天皇陛下のお姿を拝見したとき、どのような日本国、日本国民の統合を感得・想起するのであろうか。

それは、天皇陛下を中心として、天皇陛下を憧れの中心として、天皇陛下と国民個々人とが結合することにより成立する、日本国、日本国民統合を感得・想起する。世襲制を基礎とする天皇から、身分制を否定した平等な個々人からなる国民統合、これを想い起こすことは困難となる。ここに、矛盾・緊張関係が生じる。天皇の地位を象徴とすることと、憲法の核である個人の尊厳とは緊張する。われわれは、この緊張に耐えねばならない。

この緊張は、戦後直後、燻り、今もなおまた、緊張が高まりつつある。天皇を憧れの中心とするにとどまらず、さらに、天皇を主権者とすべく、憲法改正を全面改正しようという動きが、勢いを増しつつある。

なかば脅しの押し付けられた憲法を廃止し、自主憲法、天皇を中心とした家族、個人より全体を尊ぶ国家をつくりあげねばならない。だからこそ、国体は護持されている。日本人には、西洋人の啓蒙思想、個人主義は馴染まない。個人主義とは、自己中心主義、他人への思いやりに欠けるわがまま以外の何物でもない。人は一人では生きられない。全体の和の中で、天皇を憧れの中心として、心を一つにする和の中で、生きなければならない。個人の前に全体がある。だからこそ、そのためにも、憲法、政治の上で、天皇を中心、主権者とする全体国家をつくりあげねばならない。国体は護持されねばならない。

一刻も早く憲法を改正せねばならない。全体、国家、天皇への忠誠心に欠ける、自己中心の若者の犯罪をこのまま放っておくわけにはいかない。

かくのごとく、現在、憲法の全面改正を叫ぶ政治家は唱える。

しかし、これは天皇御自身、望まれない。むしろ反対される。私を利用して愛する国民を犠牲にしようとしている、と察せられるからである。

憲法の核、個人の尊厳、個人主義、自分を愛するのと同じく、他人の人権をも尊重するという個人主義は、確かに、西洋の啓蒙思想の影響を大きく受けている。

しかし、自己の尊厳と同じく他者の尊厳をもはかるという個人主義は、日本の歴史にも多く存在する。武士道、特に、禅宗にもみられる。この禅宗に代表される日本的個人主義と、西洋の啓蒙思想に由来する個人主義、これらが、ときに反発、緊張しながらも、戦後半世紀を経た今、折衷、融合されつつある。

ただ、個人より全体を重んじる儒教思想の力は強く、日本の歴史を彩った思想であるがゆえ、現在もなお、この融合された個人主義に重くのしかかり、圧力をかけ、しばし、個人は敢えなく全体に屈している。

とはいえ、日本社会に国際化が浸透するにつれて、人間の尊厳に基礎を置く個人主義は、打たれながらも絶えることなく、今、さらに日本社会に新しいものを創造しようとしている。それは、ＩＴ社会を支える基礎・応用研究、技術開発であり、ベンチャーであり、思想・芸術でもある。

閉じた社会からは、何も生まれない。

異質な個人は、ときに、全体の調和を乱すこともあるが、けれども、実は、この異分子こそ、全体からは生まれない新しいものを創り出し社会を発展させる原動力となりうること、それにわれわれ日本人の多くは、今、気づきつつある。

これがまさに、戦後から現在まで辿ってきた、象徴天皇制度と個人の尊厳との緊張、軋轢の軌跡といえよう。

かくのごとく描かれた軌跡は、これからどこへ向かうのか、向かうべきなのか。

それを誘導するのが、ほかでもない、われわれX党である。

われわれは、何より、個人の尊厳を重んじる。

この個人とは、日本人だけではない。地球人である。地球に棲息するすべての人間を尊敬しなければならない。国体が護持されることで恩恵を受ける者は、少数の日本人、権力者とそれに群がる既得権者にすぎない。

天皇陛下は、何よりも、人を愛される。それは、決して、日本人だけではない。アフガンで、ソマリアで、旱魃・テロ・戦争の罪なき犠牲者、生ける屍となっている子供らを慰め勇気づけられる。

統帥権の独立を盾に、天皇を神格化し、兵士を煽り、アジアの人々を虐待したA級戦犯に、言葉にしない憤慨を抱き、犠牲者となったアジアの民間人に哀悼、慈悲、慰謝なされ、そして、心で、泪の謝罪をなされる。

謝罪を経た今、アジアの人々の中には、天皇陛下に対して、憎しみからある願望・期待へと、魂の逆流を経験した人も少なくない、と信じる。同じアジア人、世界人として、ともに励まし合い、助け合い、平和の灯を世界に点していただければ、という期待への変化である。

今、東の果てから日が昇る。
希望、夢、平和という陽が、暗い闇を赤澄色の絵具で染めるかのように
東の地平線の縁から、零れ輝いている。
この日の出を地球の人はみな、今、みつめている。
日の昇る国が、東から、希望、夢、平和を、
美しい真珠のような一滴の涙を灌ぎつつ、
青き地球の天空一体に贈り届けることを、
熱く望んでいる

〔　　〕二年八月十五日、終戦記念日であり謝罪した日でもあり、そして歴史的な改新劇が実現されたのは、
都が東から西へと、天皇の皇居とともに移る。
幕が下り、その幕にはこうかかれてある。

祝　京都遷都

【著者プロフィール】

藤原 朝浩（ふじわら ともひろ）

本名　児山浩二。昭和37年、愛媛県伊予三島市生まれ。中央大学法学部法律学科卒、京都大学大学院法学研究科修士終了。

〔大化〕の改新から〔　　　〕の改新へ

2002年3月15日　初版第一刷発行

著　者　藤原 朝浩
発行者　瓜谷 綱延
発行所　株式会社 文芸社
〒112-0004　東京都新宿区新宿 1 -10- 1
電話　03-5369-3060（代表）
03-5369-2299（営業）
振替　00190-8-728265
印刷所　図書印刷株式会社

ISBN4-8355-3444-1 C0095